/ 特别的对象
/ 真实的记录
/ 深刻的思考

喧哗年代
中国社会精英图谱

李军奇◎著

西南财经大学出版社
Southwestern University of Finance & Economics Press

图书在版编目(CIP)数据

喧哗年代/李军奇著. —成都:西南财经大学出版社,2015.7
ISBN 978 – 7 – 5504 – 1927 – 8

Ⅰ.①喧… Ⅱ.①李… Ⅲ.①企业家—企业精神—研究 Ⅳ.①F272.91

中国版本图书馆 CIP 数据核字(2015)第 108519 号

喧哗年代

XUANHUA NIANDAI

李军奇 著

图书策划:亨通堂文化
责任编辑:汪涌波
助理编辑:白 宇
特约编辑:孙明新
封面设计:李尘工作室
责任印制:封俊川

出版发行	西南财经大学出版社(四川省成都市光华村街 55 号)
网 址	http://www.bookcj.com
电子邮件	bookcj@foxmail.com
邮政编码	610074
电 话	028 – 87353785　87352368
印 刷	四川森林印务有限责任公司
成品尺寸	165mm×230mm
印 张	16
字 数	200 千字
版 次	2015 年 7 月第 1 版
印 次	2015 年 7 月第 1 次印刷
印 数	1—4500 册
书 号	ISBN 978 – 7 – 5504 – 1927 – 8
定 价	38.00 元

序一
镀金时代的诱惑与救赎

|伍继延

"这是一个蓬勃发展、万象更新的时代。商人获得了自农耕文明以来最好的声誉，以时代英雄与社会偶像的名义，被青年一代膜拜。追求功利，进而求得个人财富最大化成了不少人逻辑正当的人生追求。一些社会精英一边加入尖锐批评的合唱团，一边四处出击忙于勾兑猛赚好处。"

当我在记录者李军奇的书稿《喧哗年代》中读到这样的文字时，我有些恍惚起来。

我好像读到了去世不久的马尔克斯《百年孤独》的魔幻，又恍惚读到的是马克·吐温笔下《百万英镑》的荒诞。狄更斯在《双城记》里写道："这是一个最好的时代，这是一个最坏的时代；这是一个智慧的年代，这是一个愚蠢的年代；这是一个光明的季节，这是一个黑暗的季节；这是希望之春，这是失望之冬；人们面前应有尽有，人们面前一无所有；人们正踏上天堂之路，人们正走向地狱之门。"

身处与150年前狄更斯的英国、100年前马克·吐温的美国、50年前马尔克斯的拉丁美洲相似的当代中国的镀金时代，实录中国精英各阶层断裂与转型之难之痛的《喧哗年代》一书，似乎有特别的阅读价值。

因为特别的对象、真实的记录、深刻的思考，这本书虽然只是一个七零后记者近年来采访的结晶，但是读者可以感受到一个时代的诱惑和救赎！

在万花筒式的人物与事件你方唱罢我登场后，在读毕全书掩卷长叹白云苍狗世事无常时，我们不得不说，这是一个被商业浪潮全面冲击的年代，社会精英首当其冲！但建构什么样的商业文化，委实需要社会精英的自省和蜕变。"中华民族到了最需要商业文化的时候！"这不仅是我近年来一直思考得出的结论，而且也是我读完这本书后的真实感触。

1840年鸦片战争一声炮响，给我们送来了帝国主义。一个千古未有之巨变的时代已然到来：东方文化和西方文化的冲突、工业文明与农耕文明的兴替、新兴帝国的崛起与老大帝国的衰朽……在帝国主义坚船利炮的背后，是资本主义市场经济的全球化扩张，和一整套建立在现代工业文明基础上的文化与制度。

历经几代人多角度全方位的艰难探索和实践，中华文明终于迎来了复兴的曙光。

改革开放使中国发生了巨大的变化：市场经济制度的确立、持续快速的经济增长、加入WTO融入经济全球化，等等，正在夯实着大国复兴的基础。人们的权利意识不断提高，契约观念不断增强。特别是中国的这一代工商企业家，由于他们最直接参与社会变迁，接触到最新潮的国内外事物，他们在对自身利益关注更强烈的同时，更真切地感受到这个社会转型中方方面面的问题，因而他们也是最活跃、最有思想的群体。

哲学家李泽厚先生最近接受采访时更明确提出："我认为企业家是现代社会真正的核心、骨干力量，而不是学者。"

中华商业文化迫切需要历史性的大发展，而华商的崛起将是中华商业文化发展的新方向，是中华商业文化复兴的新希望。如果说农业文明时代靠耕读传家，工业文明时代则应该商学皆本。中华民族到了最需要商业文化的时候，这样的判断，是基于当代中国发展的历史阶段和复杂现状：我们在科技进步和经济发展已经取得巨大成果的同时，也暴露出商业伦理缺失和市场法治缺乏等问题，迫切需要确立商业文化地位、加快商业文化发展、完善商业文化体系、高扬商业文化旗帜。

从大历史的尺度、全球化的视野和新中华文化建设的高度来看，我认为正在成长的中华现代商业文化是复兴中华文化的重要基础；如果与中华传统农耕文化成功融合，将使新中华文化能够依靠内生基因的创造性转化，更好更快地实现伟大复兴。所以新的中华商业文化不仅仅是全方位的现代商业文化，也必然是市场经济全球化时代新中华文化的核心与基础。

《喧哗年代》一书记录了当下各类精英在商业社会中的奋斗、荣耀和挣扎，这是作者为历史留下的一份特别的底稿——作者以抛弃伪饰、逼近人性的方式真诚地拷问这个镀金时代。身为这些群体中的一员，我自知我们无一日不面临商业文化的翻新和淘汰。欢笑与泪水齐飞，诱惑与救赎同在。

三千年前，面对传统社会的礼崩乐坏时，诗人屈原"路漫漫其修远兮，吾将上下而求索"的情怀和"举世皆浊我独清，世人皆醉我独醒"的勇气，让此刻身处巨变时代的吾辈感同身受。正如莲花因为"出淤泥而不染，濯清涟而不妖"，成为花中之君子；我希望华商也能够在创造财富的同时，超越拜金主义的诱惑，实现商业文化的救赎！

（作者系著名商会活动家，中国商业文化研究会商会与商帮分会会长。）

序二
这个时代需要什么样的精英

| 石扉客

2014年9月，令人尊敬的杨伟光先生去世。已经退休多年的杨先生是中国中央电视台（以下简称CCTV）最令人尊敬的领导，开创了包括《东方时空》和《焦点访谈》《新闻调查》等栏目在内的中国电视界黄金时代。我曾在CCTV待过四年，这几天，听前同事们用各种不同的细节、从各个不同的维度缅怀他们的老台长。《东方时空》的老编导们甚至在新闻评论部南院工作区自发为他搭了一座灵堂。

在这些老人们看来，杨伟光就是那个黄金时代的人格符号。而他的离世，使得这个黄金时代和当下的最后一丝联系戛然而止。他们追悼杨伟光的伤痛，正是对曾经有过的充满创造力的美好年华一去不复返的伤痛，也源于无力改变现状这一胸中块垒。一个人在去世后的哀荣，竟然能寄寓一代电视人的追忆、一个时代的荣光。我想，再也没有比这更能诠释"精英"这个字眼的了。

又想起恰好在此时，阿里巴巴在美上市，马云挟令人目眩的天文数字般的财富倏尔而来，成为这个国度的新首富，激起一波又一波的焦点话题。

创造了天量财富的这些商界奇才，毫无疑问也是这个时代出类拔萃的精英。我只是在想，在普罗大众的八卦式嫉恨和市侩式崇拜之外，在商业媒体们津津乐道的商业法则之外，我们，是否还有勇气与能力来保持对他们的平视甚至是审视？他们，这些不折不扣的精英们，是否还能在这些繁华与喧嚣中突围而出，再往前走一步甚至更多步，避免财富神话的昙花一现，充满自觉性地成为一个时代的象征，甚至成为一个引领时代前行的公共英雄？

军奇在书中不只有确证，也有他的疑惑。我知道他在《精英》杂志致力于商业研究多年，精耕人物报道，笔力雄健，颇有建树。答应他为这本书写序也已经很久，我却一直不知道如何下笔。主要原因是，我不知道究竟该如何定义这本书里所写到的那些形形色色的名流与大贾，这些我们这个时代里涌现出来的精英们。

军奇尝试扫描这一改革开放以来形成的精英群落。在他大开大合的笔下，这些精英裹挟各自对历史、对现实、对人性的理解，投入各自的"生产"，由此而奠定各自的身份与利益格局。毫无疑问，他们是名利场中人。对名利的追逐，与对社会的担当，水乳交融，时刻考验着他们的行事风格和言说习惯。当然，呈现这一切的，是丰富的故事、节制的叙述。

再回到老台长杨伟光。新闻评论部这个被鲜花装点起来的灵堂，就搭在进门大厅那个著名的部训"求实、公正、平等、前卫"之下。这八个字，正是那个时代的写照。一位老央视人对我说，他们叫现任台长为某部长（其曾任职原广电部），叫上任和上上任台长为某台（姓氏加职务，这也是对电视台长的普遍叫法），而对更早的台长杨伟光，他们却一致性习惯叫老杨。

何其相似。在军奇的东家，也是我曾经工作过的老东家南方报业集团里，无论是在职的还是已经离开的南方老员工们，大多习惯称呼老社长范以锦为老范。范以锦，也是这本书里写到的精英之一，正如杨伟光之于CCTV的意义，范之于南方报业，留下了足以让后辈新闻人景仰的辉煌烙印，成为那个时代的象征。

而老杨和老范这些貌似简单的称呼，也承接着那个时代暗含的隐秘，正如1984年北京大学的大学生们喊出来的"小平你好"，也正如联想极盛时期内部互相简称元庆、传志。这既是一个人际关系上排斥掉等级官位之后的平等界定，也意味着那个时代曾经有过的难以想象的活力与自信。

这个时代需要什么样的精英？这个问题，应该也是这本书要回答的。在我看来，也许在不久的将来，答案会逐渐浮现。

没有人能够回避这个问题。

（作者系资深媒体人，《博客天下》主编。）

Contents

目　录

第一章

他们的传奇

天使——黑马推手生存手册

他们有的从硅谷归来，携带技术和资本；有的创业有成，身有闲钱。这是一群助力企业由小变大、由弱变强的商业"天使"。闲钱，闲心，一腔热情，一场博弈。不论成败，他们扩大了就业，似在做公益，同时又要承担无限风险，毕竟钱是自家的。他们以其专业的影响力，赢得了创业者的追逐。他们助力创业者事业腾飞，创造暴富的神话，同时也会遭遇失败与遗憾。他们是创业黑马的"贵人"，更多时候，如隐身人，暗中助拳，暗吞苦水。从单打独斗，到组建彼此抱团取暖的机构，他们莫不是在寻找更有胜算的游戏法则。"天使"看似飘在空中，实则奋斗在人间。

目击　天使爱特训

这些青年天使投资人，聚合起来，切磋技艺，既审项目又考察人；既为了增持项目，又为了退出项目。他们帮助创业者"稍微降低一点失败的概率"，亦为自己增加成功的砝码。

名词解释：

天使投资人　又称投资天使，天使投资是权益资本投资的一种形式，指具有一定净财富的个人或者机构，对具有巨大发展潜力的初创企业进行早期的直接投资，属于一种自发而又分散的民间投资方式。

风险投资　简称VC（Venture Capital）。广义的风险投资泛指一切具有高风险、高潜在收益的投资；狭义的风险投资是指以高新技术为基础，生产与经营技术密集型产品的投资。风险投资的运作包括融资、投资、管理、退出四个阶段。天使投资的运作是拿自己的钱投资，没有融资这个环节，也可能没有管理环节，等等。

"我觉得300万元融资折合6%的股份，太少，应该占10%。"在一次青年天使会举办的投资沙龙上，主持人刚请走做完路演的创业者，台下的天使投资人就开始畅谈自己对项目的研判。乐搏资本创始合伙人杨宁认为应放大融资所占股份的额度，众声附议，项目举荐人笑着说："那我出去和他（创业者）商议下。"这是青年天使会自2013年1月5日诞生以来常见的沙龙场景。

"寻找下一个巨头"

月度沙龙是青年天使会的常规活动方式。"先在北京举办活动，之后移师全国大中城市。"青年天使会总干事龙真告诉笔者。每次参加月度沙龙的，除了青年天使会的骨干成员外，还有举办地怀揣项目的创业家。

作为青年天使会的会长，杨宁总会担纲活动的主讲。近日在上海举办的一次活动上，围绕"寻找下一个巨头"这一话题，这个拥有丰富创业经验的天使投资人说，只投比自己强的人。

移动互联网已经成为当下经济热点，在谈到未来的投资方向时，杨宁表示，"非常看好移动互联网，这个领域内重点看好两类应用：一是大应用，即绝大部分人都会的应用，比如微信、微博等；二是小群体的深度应用，即针对特定人群需求的应用，比如航班管家，这类应用的特点是具有海量的未被满足的需求"。

在投资了一些项目后，杨宁摸索出投资心得。他偏好两种公司：第一种是商业模式、产品技术或者商业资源非常好的，这种公司"一个半傻的创业者都能做成"；第二种是项目一般，没有特点，高难度，但是有超牛创业者。这两类公司都有投资的价值。

在上海的月度沙龙会场上，有创业者提出如何"找钱"，杨宁解答说，学苏秦，凭"三寸不烂之舌"。他笑称，"忽悠学"也是国学的一部分，"当然有好项目是根本"。这个话题由会场蔓延到了会后的餐桌。有人感叹口才对于创业者的重要，"要会讲故事，至少要打动天使投资人。"有人表示反对，"忽悠，只是对创业者沟通能力的一种简化形容，我们中国商业，会吹牛的人还少吗？"

业内都清楚，杨宁对电商不感冒，他曾说："这是一个很'苦逼'的行业。即使在电商投资最火爆的时期，就算有人邀请我投资一个目前很知名的电商企业，我也不会投资。"但在午休时间，来自软银中国创业投资有限公司的投资总监潘政荣明确表示，"电商行业还是有投资机会。只是投资机会不属于那种大规模烧钱、廉价卖东西的电商，投资者需要创业者扎实地做事"。他表示他们会密切注意电商项目。

席间，有人提议建立天使投资人的微信群，"这样大家方便联系"。马上就有热心者逐个收集微信号。一位从新西兰归国的创业者慕名参加这次月度沙龙，他声称自己在新西兰做过天使投资，也做过企业，"还是国内市场大，创业机会多。我已经参加了中国科技创业计划大赛，如果在座的各位有人是评委，千万不要照顾我"。

找到闪光的种子项目

"这次我在会上有自己的项目路演，挺希望这次能融到资金。"一位来自上海的庄姓企业家在2012年一次创业大赛上认识了一位天使投资人，融到了部分资金。这次他的项目被投资人带到会上，"虽然我们的企业生存没有问题，但我想做大。我现在最想做的就是到美国路演，获得更多的资金"。这个在大二就拿过全国软件开发类大赛奖项的创业者很肯定地告诉笔者，自己的产品在国内已无竞争对手，目前最需要做的，就是迅速抢占全球市场。

庄先生是下午第一个做路演的创业者，他的阐述清晰而完整，推荐人也极力给台下的天使投资人算账："投资这个企业，最坏的情况，做不下去，他还有企业的房产兜底；再说，一个创业项目坚持了十年，很少见。"但最后该项目还是被其他投资人否决了。按照青年天使会的游戏规则，推荐的项目如未被在场的会员"相中"，推荐人的会员积分相应地被扣减。"推荐人要拿出最好的项目与大家分享。"创业工场制作人麦刚总是强调这点。尽管项目好坏的评判标准从来难以真正统一，但推荐人还是要"尽量提交自己认为最好的项目"。

与庄先生一样自信出场的还有四名创业者。他们进行下午的路演，也是本次沙龙的重头戏。五个项目，涉及公司流程管理、城市停车场管理等。每个创业者路演结束，都会有投资人的提问环节。提问结束，主持人提请创业者退出会场，在场的投资人开始各抒己见，表达投资的意向；如果有人看中项目，主持人会拿出纸张，要求写下各自的意向投入资金的数额。主持人会客气地提醒："这些交易，必须在一个月内交割完毕。"

镜头聚焦一个校园创业项目，投资人的争论特别激烈。该项目的推荐人、合力投资合伙人张敏，以观察项目的精准和办事的稳妥享誉业内。在他看来，这是一个线上与线下融合相对较好的项目。而杨宁认为，此项目不一定非要对接电商，可以直接搞特卖会，"一个大卡车运来，学生需要的什么货都有，省心省力"。张敏坚持电商的价值，"不在学校开办消费场所，电商就进不来。校内有点，也方便电商投递。"英诺天使基金合伙人李竹认为该项目线下流程太长，不在自己的视野范围内。

镜头的一侧，是麦刚，他对另一个创业者颇有不满："他的语言方式我不喜欢。你向他提问，他闪烁其词，避重就轻、偷换概念。"麦刚很直接地表达自己对这个创业者的看法。另一个会员也持类似意见。"交流不诚恳。"麦刚不客气地说，一看创业者"只捡着天使想听的话，我心里就打鼓"。

上海的这次月度沙龙上，五个路演项目用去了将近五个小时，有两个项目得到了部分天使投资人的青睐。场内气氛轻松而热烈。在杨宁看来，成立青年天使会的使命之一，就是为会员寻找好的项目，但这只是第一步。"对于已投资过项目的天使投资人来说，目前最大的问题已经不是寻找新项目，而是如何退出。"对于一些已经有项目投资的天使来说，一方面，他们的资金急需回笼，另一方面是为了降低风险，他们需要进行联合投资；另外，从资源整合的角度讲，这些天使投资人需要及时将资源导入到项目中去。如果这些问题得不到解决或者解决不好，将会影响整个天使投资业在国内的发展。

从疯狂到理性

"由于目前天使投资人资金退出的渠道还非常有限，"青年天使会执行总干事陈磊告诉笔者，"一般情况下，天使投资资金的退出一靠VC接盘，二靠大公司收购，三靠老股交易。"但在2012年，由于天使们投资的项目扎堆，加之很多天使与风投及大公司投资部门的关系不够稳固，尤其几个投资领域已形成"重灾区"，急需一个能够帮助天使投资人和风投建立稳固关系的机构出现，促其退出。

陈磊告诉笔者，下一步，青年天使会将和一些国内知名的风投机构合作，让其负责人也参与月度沙龙，直接对接天使投资人的项目。

国内天使投资人自2011年开始经历"疯狂的投资浪潮"时期，2013年，这股热潮开始回归理性。大部分天使投资人需要从自身的发展出发，凭借资源做业务，这就需要一个可以将资源成功导入到项目中去的圈子。在信息高速发展的时代，圈子的社区功能和使命被无限聚焦并值得期待。

杨宁是个有使命感的投资人，他声称自己做天使投资不只要赚钱，还希望成为"当代创业者的李时珍"，做最好的创业医生兼投资人。在黑马大赛创始人牛文文和杨宁创立中国青年天使会之前，国内虽已出现一些天使组织，但是更多的还仅仅限于形式，天使们聚在一起大多是聊聊近期见过的项目和商业模式，这些组织对于当前天使投资人普遍面临的资本退出问题和资源对接问题还起不到解决问题的作用。

杨宁认为，"如果这个问题得不到解决，整个天使投资行业的发展就会受到限制，如此循环，也就影响到创业行业的正常发展。"青年天使会的创始会员、海银资本合伙人张志勇相信杨宁这句话："既然创业有风险，天使投资更存在风险，这就需要耐心和信心，更需要坚持和宽容。"张志勇相信天使聚合的力量，"合投（合作投资一个项目），不只是降低风险，更能带来更多收益"。

纵深　闲钱闲心，掏钱掏心

　　从美国硅谷到中国中关村，从创业者到天使投资人，更多年轻的"天使"出现在创业者周围，"掏钱又掏心"。当然，天使投资不是慈善事业，巨大的收益与巨大的风险，让这个江湖五光十色，过客匆匆。

　　杨宁一度喜欢向媒体说："我不是一般人，我是二般人"。

　　1997年，22岁的杨宁申请到了斯坦福大学研究生入学资格，攻读电机工程专业。美国经济的创新发动机——硅谷就紧挨校园，几百家风险投资机构如蝗虫般盘踞于斯坦福西侧的沙山路（Sandhill Road）。同为斯坦福大学的研究生，谷歌的创始人们和杨宁的关系不错。杨宁毕业后，谷歌创始人拉里·佩吉、塞尔吉·布林曾热情邀请杨宁加盟谷歌，希望他成为谷歌第十名员工。然而在硅谷耳濡目染，杨宁一心想着回国创业，他婉拒了谷歌的邀请。这不是一般人能拒绝的诱惑。

　　这个后来自称中国"最抠门的天使投资人"，踏上了中国大牌和新锐的投资人最典型的道路：硅谷阅历—归国创业—天使投资。21世纪初，大批海外IT精英学成归国，正是那个时候，国内天使投资刚刚起步，资源奇缺，"当时的投资人基本是海外基金，很多人融不到钱，一个是丁磊，第二个是马化腾，他们英语不好。张朝阳、马云融资就很容易。"

　　2012年5月25日，杨宁再次回到美国硅谷。这次，他的身份是天使投资人。他不是来融资的。见了几个老朋友之后，杨宁在其微博主页宣布，2012年5月29日下午，他会在斯坦福大学商学院的Knight's Building地面咖啡厅出现，这里将成为他们的"创业门诊"的美国站，"在硅谷的朋友欢迎来参加，不用报名"。

硅谷"天使"

> 杨宁大学毕业时参与创办的ChinaRen，2000年被搜狐收购；第二次创业成立的空中网仅两年即登陆纳斯达克。2006年前后，杨宁就开始把天使投资当成了"副业"。

1999年，研究生毕业的杨宁和朋友决定模仿美国一家名为"地球城"的社区网站，回国创立ChinaRen。杨宁清楚地记得，他们这群二十出头的留学生当时激情四射，他和创业伙伴们坐在斯坦福Tressider学生活动中心外

杨宁自称"中国最抠门的天使投资人"。

面的露台上，喝着维生素水，高谈阔论，谋划着回国创业大计。用杨宁的话说，创业资金是开派对拉来的。他们做好认股定价、律师协议，租了学校的一个场地，买了些比萨、可乐，请大家吃饭，顺势讲讲创办ChinaRen的计划。"有的同学家里有钱，投个两三万美金，有些家里不是很有钱，投个几千美金"，最终杨宁拿到了25万美元。那时他们谁也没意识到，这是未来互联网最好的一块资源——社交网络。

1999年，杨宁等三人回到中国，ChinaRen依靠校友录短时间内成为国内同类产品中规模最大、数据最全、用户最多的网站。很快，高盛相中了此项目，投资了1000万美元。雅虎也曾提出1亿美元的收购计划，但ChinaRen已经有了高盛的投资，认为上市指日可待，所以杨宁等人拒绝了雅虎的收购。谁知，2000年全球互联网泡沫破灭，股灾袭击美国，整个互联网市场进入了寒冬。当年7月份，ChinaRen资金链断裂，高盛随即拒绝了ChinaRen的再融资请求，万般无奈，杨宁决定找搜狐碰碰运气。

"没办法，当时腾讯、新浪压根不理我们。"杨宁回忆道，搜狐的张朝阳同是海归出身，对ChinaRen很感兴趣。经过几番谈判，搜狐同意了ChinaRen方面提出的方案。事情终于办成，杨宁觉得赚到了便宜，谁料收购完之后搜狐的股票就由7元变6元，最后变成8毛钱一股。而杨宁和ChinaRen另一创始人周云帆在股价跌到1元时抛空了所有搜狐股票，卖了50万美元。2002年3月，俩人出资创办了提供彩信服务的空中网。当时杨宁还在黑板上写下了新浪、搜狐、网易、腾讯四大门户的名字，后面加上"空中"，激励自己的员工说："我们以后是要和它们齐名的公司！"

经过第一次创业，杨宁从"一般人"上升到"二般人"，尔后便开始了第二次创业。他的空中网仅仅用了两年零两个月即登陆美国纳斯达克。但因理念的分歧，杨宁辞去了总裁及首席技术官的职务。

自此杨宁开始学做投资，他投过的项目有风行网、乐华娱乐，热酷游戏，1听音乐网等。"我的投资成功比例还是不错的，失败的也有"，杨宁对失败的项目和原因从来都闭口不提。

"控制风险回报比"是杨宁反复强调的一句话，而这句话落实到具体行动上，就是以尽量低的成本进入一个好的项目。这几乎是一个不能动摇的原则。对一个已经看好的项目，如果有其他投资者抬高估值加入竞争，他宁可放弃也不会加价。

杨宁解释说，低成本是他覆盖错误决策的方式。比方一个项目最终得以出售，回报约为20倍左右，如果上市则有40倍的回报。这意味着刨去各种税费，粗粗算来15个投资项目中，能有一个成功退出，整个投资组合就能实现平衡。

非熟不做

一旦遇到一个让自己"心动"的人，徐小平会以最快的速度拍板投资。"闭着眼睛就投了，投了死活就不管了。"

"天使投资赚钱是一个低概率事件。一般在10个创业项目中，有2个项目成功，5个项目不好不坏，3个项目失败。但2个项目成功，或许会有20倍、30倍的回报，毕竟天使投资不是做慈善。"海银资本合伙人张志勇2005年开始了天使投资之行，最初做过有声读物和基于移动端的手机金融管理项目，"其实思路、方向是对的，但是那时候时机不对，太早了"。

"作为天使项目，成功的标志就是有风投进入或者项目上市，从而股份套现。"如何避免成功的低概率？对于他而言，4种创业者容易不受欢迎：一是特别狂妄自大的创业者，张口闭口总在说"我们没有任何竞争对手""他根本不懂""谁谁谁不行"之类；二是夸夸其谈的人；三是情商不高的人，不能有效整合各种资源包括人脉关系；四是过于斤斤计较的人，缺乏分享的精神。"归纳起来，就是人是第一要素。做天使投资，先看人是否靠谱。其次再看项目是否具有投资价值。"在张志勇看来，一流的团队做一流的项目最好，一流的团队做二流的项目也能成功，二流的团队做一流的项目就够呛，二流的团队做二流的项目肯定完蛋。

什么人靠谱？这很考验眼力。据张志勇介绍，有一些投资人最喜欢干的，就是突然跑去创业者的办公室，看是不是很豪华，女秘书是不是太漂亮；或者跟创业者一起开车，看他开车的风格。"这是他们了解创业者的一种方式。但是如果一个创业者对他的家人都漠不关心的话，你很难想象他能对他的投资人好，对他的伙伴好，对他的员工好。这种人，我是不投的。"

"投自己熟悉的行业，投自己熟悉的人"，在天使圈，取得共识的话，莫过于此。杨宁在2012年一次业内聚会上，听到小米科技创始人雷军聊自己的天使投资之道，杨宁评价雷军："他更绝，不但不熟不投，而且只投人不投项目。"拉卡拉的创始人孙陶然，雷军1994年就认识；多玩游戏网创始人李学凌，前网易总编辑，也是1997年时就熟悉了。"投资有十多年关系的人，风险当然很低。"在雷军眼里，很多创业者讲的项目想法，在找天使时和最终操作时是不一样的。"这点不重要，重要的是找到你认为可以持续投资的人。"杨宁记得雷军是这么强调的。

雷军和他认可的创业者沟通时，会提出这样一个要求：如果你第一个公司搞砸了，第二个公司我也有份，继续投你。"如果第一年试，这个方向不合适，没有关系，早死早超生。"雷军在投资50万美元给孙陶然时不忘提醒他，"孙陶然你再次创业让兄弟跟着挣点钱"。

杨宁投的第一个天使项目是风行播放器，也是典型的"投熟人"模式。杨宁曾在硅谷见过风行的创始人罗江春，回到国内后一直有些联系。他后来说，由于缺乏创业经验，罗江春在筹备新公司时找到杨宁，他后来说，"一开始我只是想请他做顾问"。经过两三次的接触，杨宁便决定做罗江春的第一个投资人，他说，"我希望创业者具备好品德，还能做成事，而罗江春就是这样一个人"。

流动江湖

"种一大片树，我不希望每棵树都是我的。出钱拿小股，干活拿大股，这是皆大欢喜的事。"大牌天使和新锐天使，各有其行为模式，但界限并非明确。

"很多做投资的，尽管主业不是放在创业项目孵化上，也乐于以天使投资人的名号行走江湖。"张志勇说，这也与前两年电子商务与移动互联行业的迅猛发展相关，有"大量的热钱，大量的创业项目"。

国内目前活跃的天使投资人，基本分两拨，一类是以李开复、雷军、徐小平为代表的商业明星，这些人拥有雄厚的资金，天使投资基本成了他们的生活方式。按某位大佬级天使投资人的话说，他做投资这事儿是以玩的心态进行的，主要是图个乐。一类是麦刚、张志勇这类正在崛起的天使投资人，其"以敏锐的学习能力，和对互联网产业的独到理解，刷新了人们对青年天使投资人的印象"。一位章姓创业者很是感慨："我们找大牌的天使，恐怕人家看不起我们的项目，好不容易换个名片，上面也没有手机号码；而这些青年天使，就怕你找不到他，很容易沟通。"

这两拨天使也并非泾渭分明。杨宁就是穿梭其中的关键人物。早在《创业家》杂志的第一届（2007年）"最活跃的天使投资人"评选中，杨宁就与雷军、沈南鹏、周鸿祎等共同出现在榜单上。2012年4月中国天使会主办首届中国天使投资人大会，杨宁受邀参会。在青年天使圈中，杨宁的知名度最高。他投资的第一个天使项目2013年3月开花结果：中国第二大媒体上海文广集团通过百视通公司出资3000万美元取得项目35%的股权，成为第一大股东。杨宁顺势退出，获15倍回报。2013年1月5日，杨宁牵头，联合麦刚、张志勇，成立了青年天使会。李开复、徐小平均到场祝贺。徐小平，这个新东方的前合伙人，还欣然担任青年天使会的名誉会长。

大牌和新锐，面对的是同一市场。共同投资一个项目的事情多有发生。专注社交游戏的北京筋斗祥云网络技术有限公司2009年年底成立，杨宁是第一轮天使。基于地理位置，向用户提供手机客户端的生活服务类应用产品平台的路客网，曾获得麦刚、合力投资合伙人张敏和徐小平的共同投资。

当然，这些天使也有过投资的关系：蔡文胜将自己掌控的优质域名卖给了李开复的创新工场，后来干脆与李合作，共同投资了同步推；雷军与周鸿祎也一起投资过一家游戏语音公司。

"微天使"和"微投资"

"天使投资最核心的理论是什么呢？其实就是六合彩。"雷军曾在一次业内大会上传授心得，"输了是支持科技创业创新，赢了就是下一个皮特（前甲骨文互联网部门副总裁、硅谷天使投资人），单笔搞100亿美元。"

戈壁合伙人有限公司合伙人童玮亮已经蛰伏了两年，2013年他决定大显身手。

童玮亮1998年就搞过个人网站，作为曾经的文艺青年和资深互联网从业者，他看中的项目明显有小而美的特点，譬如让年轻女性分享信息的"粉粉日记"和记录女性经期的"大姨妈"管理APP（Application的缩写，指应用于智能手机的第三方应用程序）。2013年7月28日，童玮亮将"粉粉日记"带入在上海举办的青年天使会月度沙龙，项目又被其他天使投资人看中。

在童玮亮看来，刚需是驱动创业的前提。"移动互联网仍是个大方向。我们还很关心移动跟垂直社交相关的领域，唱吧的切入点是唱歌，陌陌是陌生人交友，啪啪是图片加声音切入。现在新的基于兴趣、爱好的垂直社区，依然是有价值的，不能为了社交而去社交。"

童玮亮亦声称戈壁的投资节奏是逆周期，"在别人恐惧的时候你要贪婪，在别人贪婪的时候你要恐惧。我们2010年、2011年投资的案子不多，一个团购项目都没投，我们是数据驱动型的投资风格。"按这个逻辑，在李开复都宣布创新工场转型VC的当下，戈壁投资却于2011年底开始了绿洲计划，专门从事天使投资。

并非所有的天使对形势都很乐观。本就势单力薄的天使投资人们面对生存的压力选择出路，要么转向做风投，要么像杨宁一样成立青年天使会，联合其他天使，进行项目合作投资，"共享，共赢"，并以此降低风险。

周鸿祎曾在一次业内大会上呼吁，中国应该有更多的"微天使"和"微投资"。"我觉得有一种误导，天使投资如果一个案子不投个几千万元，好像没面子似的。我反对这种价值观。"张朝阳创业时，尼葛洛庞帝一共投他不到10万美元，"但是他改变了张朝阳的命运，也改变了中国互联网的格局"。

在张敏看来，目前国内的天使投资人势力分布呈现以北京为中心，长三角（上海、杭州）、珠三角（广州、深圳）为两翼，中西部（武汉、郑州、成都）正在崛起的态势。杨宁接受专访时表示，2011年的时候在中国寻找天使投资人很困难，在全国征集时大概只征集到1300多个，现在中国天使投资人应该接近3000个或者更多。天使投资，在中国区域分布上还有广阔的空间。

天使的年龄越来越显示出年轻化趋势。"硅谷几位最红火的天使，都是28~38岁。为什么？很简单，就是因为新的经济潮流来临不再是15年一次，而是5年一次了，过去的互联网创业者现在在帮助移动互联网创业者。"创新工场董事长李开复在中国青年天使会成立仪式上强调，30年前的硅谷，那一批天使基本都是40~60岁左右的，"这是因为过去的创业很大的程度是靠商务经验的积累"。

杨宁2013年6月刚过38周岁，正好符合李开复对硅谷天使年轻化的说法。熟悉硅谷家底的杨宁想必不会认为这些话是超级天使李开复的恭维之词，年轻的他明白投资的苦。

2011年底，杨宁成立天使机构——"乐搏"。快乐地搏击，成为他投资的信仰，即使更多的时间，他是一个人在找项目，但他乐在其中，并以巴菲特作为榜样，说"巴菲特从来就是一个人干"。

导师——成功学的中国阐释者

他们要么以商业的成功、口才的出众，赢得企业家的追捧和社会的尊重，继而成为青年追随的导师；要么以演说为业，被渴望成功的人群视为事业和心灵的导师。在商业社会，这是一条分工明确的成功学产业链：出版行业负责制造成功学话题和偶像；商业明星负责包装概念，谈创业和理想，兼治思想的疑难杂症；而培训行业，负责变现成功学的价值。他们以价码的形式四处复制与传播着"导师"的成功密码。很明显，这种论坛演讲、课堂授课的劝诫和激励，都成为一桩桩生意。导师们在享受掌声的同时，也收获了巨大的名利回报。

目击 "是我的粉丝请举手"

> 陈光标在台上自信地招呼观众。培训师的舞台走上商业明星，注定是劝勉格言和经验信条的天下。他们是成功学最有力的阐释者。商业的心灵鸡汤正被打包售卖。

"是我的粉丝，请举手，到南京，我请粉丝吃饭。"在上海浦东源深体育中心，来自全国的近一万名观众纷纷举起手臂，响应陈光标的呼喊，不久前，在上海一家民营企业的十周年庆典上，陈光标以唱歌的形式入场，间隙与台下企业家熟练地互动。这场持续三天的庆典，前后邀请到了"打工皇帝"唐骏、雷士照明创始人吴长江和皇明太阳能创始人黄鸣等行业大佬。"正面、利他、永不言弃"的所谓胜者精神，被这些明星企业家以歌唱、魔术、故事等方式演绎，一时成为峰会的热议话题。

炫目的开场

> 灯火辉煌，锦旗漫卷。上海浦东源深体育中心，一家民营企业的十周年庆典准时开幕。门票以200元以上不等的价格，面向社会发售。

这是一家以做企业培训起家的公司，自山东起家，扎根上海，触角遍及全国。创始人张斌曾做过影楼培训工作，自嘲曾经"白天西装革履在五星级酒店上课，晚上却在一个小客店仅容翻身的单人床上歇息"。

十年奋斗，张斌的业务与陈光标、黄鸣和吴长江发生交叉。他们都是张斌经营的企业家联盟——兄弟盟的成员。在一场公司十周年庆晚会上，这些行业明星基本被张斌冠以"十大贵人"等名号。恢弘的音乐，大气的解说，高端人物的视频采访与影像回忆，展示了这家企业人脉资源的丰厚。陈光标，兄弟盟编号003。在当天晚会上，他不客气地夸奖张斌是"一个智商和情商双优的企业家，不仅荣耀了自己，而且积极地输出自己的成功经验"。黄鸣，兄弟盟编号013。"13"在西方文化中属于不吉利的数字；在中国文化中，有所谓的"13点"之说（傻而愣，即"二"），黄鸣觉得自己面对行业或产业大佬，喜欢犯颜直谏，确实有点"二"，他表示，"如果没有人选002号，我一定会选"。

吴长江早早来到晚会现场。吴的身份特殊，他是晚会的主人——张斌

陈光标说："我（做慈善）之所以高调，是
因为相信好事说出来能影响更多的人做好事。"

的投资人。有意思的是，吴长江欣赏张斌的好学精神和在培训事业上的投
入，但他投资了张斌的实业板块而非培训项目。

气氛在晚会快结束时遭遇突变。一直笑眯眯的张斌声音低沉起来，
他临时通报观众：由于同行的攻击，明后天的会场将要搬离体育中心。
张斌号召工作人员不悲伤、不抱怨，积极行动，保障峰会如期在同济大
学礼堂举行。悲情的场内气氛顿时被他的镇定与诚恳化解。"猝不及防
的危局居然被他成功扭转，变成了一个凝聚士气的阵前动员，而且买票的
观众没起哄，还有点同情，厉害啊！"场下，一个河北籍企业家啧啧称叹
张斌的口才。

高手的演出

一场名为"胜者企业家峰会"的晚会在同济大学礼堂热闹开场。因明星企业家的到来，这里拥满了热情洋溢的企业家粉丝。

在这场晚会上，第一个上场演讲的是唐骏。离开新华都，唐骏现在的身份是港澳资讯董事长。他在台上深情地回忆自己在微软的峥嵘岁月：海外开会中途乘机回国，他突然约见辞职的员工，只为喝一杯祝贺分手的茶；为了能成功地与中国领导人会面，他干脆而幽默地改变"固执"的比尔·盖茨的中国行程。说得兴起，他忘记了到点的铃声。"还想听不？可惜时间不够了。"唐骏意犹未尽，又插播了一个故事："传言，盖茨接到我的辞职电话后，马上召开临时董事会，通过授予我微软中国终身荣誉总裁的决议。"唐骏特别强调，"这是微软历史上第一次做类似的决议"。明显放慢的吐字速度，生动的故事细节，适时的强调和反问，唐骏的演讲技巧显然是千锤百炼后的结果。

唐骏正在激情追忆，陈光标从后台侧面昂首步入演讲台，严肃地向台下张望了几下。台下有人指点，陈光标不慌不忙地隐身于台上的展板后。似乎在勘察峰会现场，他又走到幕布另一头，侧耳倾听，偶然对身边的主持人叮咛几句。该陈光标上台了，主持人看来和他很熟，在煽情地介绍陈光标的多重身份后有点调笑："标哥最近的表现俨然是走娱乐路线。"播放陈光标事迹的视频告一段落。"有请标哥上台。"主持人连喊几声，居然没见陈光标的身影。台下的观众开始交头接耳。突然有人在笑，不知何时，陈光标已在后排的观众席里，他被热情的企业家包围。有递名片表示敬仰的，有用手机合影的，一片喧闹，"这就是标哥的声望和人气"。陈光标的助理马上走到主持人身旁，要求继续播放宣传片。冗长的宣传片终于播完，陈光标唱着《爱的奉献》，恰到好处地从人群中挤出。台上的助

雷士照明创始人吴长江。

理迅速地清除视线里的闲杂人员，赶紧拿出手机拍录。

台上，陈光标朗诵了两首自创的散文诗，表演了五个魔术。其间，有魔术穿帮了，陈光标不慌不忙笑呵呵地指着台下的搭档："你的遥控器弄得太快了。""想不想标哥唱歌？"陈光标在介绍自己中国"首善"的故事后，反问台下。台下山呼海啸般呐喊，他欣然开唱。临近结束，陈光标谈及慈善话题，"慈善只有高调和低调之分，没有什么暴力慈善之说。我之所以高调，是因为相信好事说出来能影响更多的人做好事。"整个演讲，陈光标从容展示多面才华，精准掌控台下观众情绪，欢乐而励志。

贵宾室里的社交

峰会期间，尽管门禁森严，礼堂的贵宾室里还是不时闯入一些观众。交换名片，是这里最重要的事务之一。

唐骏和吴长江、黄鸣都很礼貌，凡是有人递送名片，他们都会客气地交换自己的名片。因笔者曾采访过陈光标，所以"有幸"拿到了他当天最后一张名片。与大多数企业家不同的是，陈光标的名片是折叠四面，其中一面印着"祖国唯一，人民至上"等口号，一面印着个人头像和"中国大好人"等荣誉称号。黄鸣的名片，同样是折叠的，折叠后的名片比普通名片大三分之一，一面写着"微排地球战略首倡人、气候改善商城全球连锁总店长"，另一面上全是以太阳能作为能源的产品名称。黄鸣当天身着一件白色文化衫，胸前印着"Climate Mart 气候改善商城"几个大字，旁边还标着全球连锁的字样。

有人夸赞陈光标漂亮的尖头皮鞋，他随口说，是"粉丝送我的"。陈光标找来主持人，特别强调要介绍他的身份——2012品牌中国首席营销大师。有人喊他中国首善，他扭头认真地纠正："标哥现在是亚洲首善。"寒暄之后就是合影，陈光标简直成了一道风景，谁都乐意在他前面一站。这影响了记者的正常拍摄，有人大喊："能不能把正经的事情办完再合影！"旁边的一位拿手机正拍合影的主持人插上一嘴："今天合影是正经事，其他的都靠后！"有摄像师告诉陈光标，回答采访时不要望着记者，要看镜头，陈马上呛了一句："该怎么搞，我比你有经验！"

在贵宾室里，张斌如愿收到了这些明星企业家的赞赏——动员能力强。主席台上都是席地而坐的企业家，张斌也特别热情地向这些嘉宾推介自己的兄弟盟规划或者朋友的商讯。有企业家拿着自己的产品终于找到某位正在休息的"策划大师"。送上礼物后，聊得开心了，这位"大师"开始训导虔诚的企业家："今天说句真话，不要指望什么策划大师一点拨就能救活企业。做好企业最终还要靠你自己。"

在张斌看来，之所以邀请唐骏和陈光标等名流，是因为他们身上体现着胜者的精神。所谓胜者，是"完美人格与社会价值的统一，应该成为这个时代企业家群体追求的方向"。"胜人者力，自胜者强。"自胜是胜者精神的核心体现，如果再具体界定，就是"正面、利他和永不放弃"。张斌说正是他的坦诚赢得了这么多兄弟的信任。"我最大的希望是，在我离开人间时，有一帮为我送行的志同道合的兄弟。"

"不要让舞台害了你。"一位朋友的提醒让飘飘然的张斌开始重新思考事业的方向。不过不是放弃培训，而是培训和实业两翼齐飞。张斌说，作为培训师，最好自己就是个企业家，现身说法、知行合一。2008年，张斌通过融资收购了一些听过胜者的课程并且在当地市场表现不错的企业。"我不想做最大的公司，但我一定要做最有情谊的公司。"

这情谊也许只能在公司内。公司外，有点血雨腥风。张斌挽起衣袖，给笔者察看胳膊上的刀疤，"那是竞争对手留下的"。

纵深 "成功学"生态链

那些盘踞于机场书店的自信演讲家，那些讲坛上的激情讲师，那些到处"布道"的商业明星，共同彰显着中国培训市场的巨大机会。学习如何成功，成为许多中国企业家的人生必修课。

"我曾经参加第一财经频道的一场创业论坛，N多个嘉宾，一个半小时的播出节目，我大概讲了30分钟，剩下的七个人拼成了一个小时。"唐骏向笔者回忆自己深度"触电"的缘由，"导演在剪辑时觉得我讲的东西非常有道理、特别有感触。他就跟我说我们做一档节目叫《解码财商》，希望有一个又能讲又懂财经的人，解码一些商界的事件、人物。"向来对自己的口才颇为自信的唐骏答应了。

两个月的特别节目带来不错的收视率。制作方说"把'特别'去掉，你以后就固定了"，于是一档唐骏唱独角戏的《唐骏来了》开始蹿红荧屏。

唐骏的演讲术

唐骏是对演讲有着深入研究的商业明星。在某些程度上，他中西结合的肢体与语言的表达方式，为从"打工皇帝"到"青年导师"这一社会身份的转型立下汗马功劳。

"你读完文章可以去思考，而演讲是要给观众一种震撼。为什么电影很容易打动一个人，因为它有一个画面的震撼。"在唐骏看来，"其实演讲时的语言也是一种震撼，因为我有不同的风格，比如给我公司的员工演讲，我就不注重现场效果，更多是用激情的、刺激他们的方式，给他们向上的感召，给他们正能量。"

从服务微软公司起，唐骏已经意识到演讲对于公司领导的重要性。"我很多的演讲都是从鲍尔默那里学来的，学他那种激情式的演讲，在台上冲来冲去、跑来跑去，就是美国式的投入和疯狂，很自我的那种感觉，早期我全都是学他的演讲。他的演讲我都看，他的语言、动作、表情我也看，就受他的影响。本来我也喜欢他、崇拜他。"

1997年年底，时任微软总部Windows NT开发部门高级经理的唐骏"衣锦还乡"，在上海组建微软大中华区技术支持中心。1998年初，复旦大学校园招聘会开启了唐骏面向公众的第一场演讲。"那是用英文演讲的，很投入，自我感觉还不错。"慢慢地他开始在高校用中文夹杂着英文演讲。"后来发现大学生还更喜欢这样的演讲方式。因为全英文也会有人听不懂的，全中文他们会觉得没有特色。我每换一次，学生都会笑。经过两年左右的时间，我就改为全部用中文演讲，因为中文还可以说一些调侃的东西，还可以是风趣幽默的东西。"

从微软中国总裁到盛大网络公司总裁，再到新华都集团总裁兼CEO（Chief Executive Officer 的缩写，首席执行官），唐骏成为中国名副其实的第一职业经理人，他的公开演讲更为繁多，谈创业，谈青春，谈梦想，而这些并未因学历作假事件而放慢频率。"和我当年在大学时跳舞自创的'唐氏探

唐骏是对演讲有着深入研究的商业明星。

戈'舞步一样，我的演讲术也综合了众家之长。"

闲暇时间，唐骏一本正经地归纳自己的演讲渊源："其一曰幽默。我自大学起便超级崇拜好莱坞演员出身的美国总统里根。他的幽默深深感染了我，后来我的演讲便努力效仿他的风格。我的演讲每每以一个小段子开场，中间还会不断穿插小段子，越搞笑的事我越是一本正经，听者即使不想捧腹也难。幽默的最高境界是自嘲，我演讲时最爱自嘲的是本人的相貌。

"其二曰气势。20世纪90年代初，我在美国留学时，最喜欢的课余活动便是去听美国总统老布什的竞选演讲。除了演讲内容，我更关注老布什演讲的阵势，空运来的演讲台，他西装上的总统徽标，台上那八个戴墨镜叉手而立的保镖，这种架势营造的威严感给人极其深刻的印象。"

随着唐骏的口才见长的是他的著述，《商业智慧》《中国梦——唐骏正传》《唐骏日记》和《我的成功可以复制》，一部部记述唐骏商业智慧与人生心得的著作接连面世。昔日"打工皇帝"全面向青年导师转型。

被追捧的"导师"

商业明星显然是商业社会的稀缺资源，他们逐渐从业务舞台走向社会舞台，展现个人的管理思想与人生经验。而培训公司则是这一资源的重要转换中介。

唐骏的阅历和口才显然让他成为胜者集团创始人张斌眼中的最佳培训师。张斌的事业起步于影楼培训，演讲能力是他至为看重的生存技能和法宝。如今张斌的培训对象已经不局限于影楼业务经理和企业高管，中小企业主才是他最眼热的服务目标。

"我和唐骏是很早的时候在飞机上认识的，所以这也是我喜欢坐头等舱的原因，头等舱有各种各样的机会。"这个军人出身的培训师从山东移师上海，热衷交际各界"豪杰"。"那一次我们在飞机上聊得非常开心，他是一个非常谦虚、低调，而且执着的人。"唐骏被张斌一口一个"大哥"的热情打动，他被张斌说服，欣然成为张斌着力打造的高端精英圈层——兄弟盟的成员，编号023。

　　"标哥很有爱心，那我也是，我们彼此欣赏。当我们做爱心捐款的时候，我们走在了一起。当我们走在了一起的时候，我们相见恨晚，我们是真正的好兄弟。"于是，这个"非常重情义的人"也成为张斌兄弟盟的成员，编号003。在胜者集团推出的十周年庆的广告语中，如此描述陈光标的到来，"能歌善舞，多才多艺，教你用自己的精神助推企业业绩连翻两番"。

　　至于听了陈光标的演讲就能提升公司业绩，相信一贯高调的陈光标也不会这么夸下海口。但这不重要，陈光标早已习惯外界给予他的各种堂皇"桂冠"。他要的是台下能随他而疯而狂的观众。

　　"大凡成功的企业家，基本上都有不错的口才。"在张斌看来，当一个人具备不错的口才时，他可以少走很多弯路，可以争取到很多机会。"比如说奥巴马再次竞选成功，马云能得到今天这个结果，都和他们的口才分不开，包括当年我的事业成功也和口才分不开。所以我觉得一个企业家要想真正地、快速地做得更好，首先要不断地提升自己的口才。"

　　"我觉得在讲台上演讲，最大的享受是台下的掌声。"唐骏的话很能代表这些明星企业家的内心感受，"你在台上演讲，那时候就把自己当成一个演员，演员最享受的是什么，就是掌声，下面说再来一首歌、再来一首歌，这是做演员最享受的。"

　　在人脉打造上，张斌除了邀请像唐骏、陈光标、黄鸣、吴长江这类商

皇明太阳能创始人黄鸣也是企业家联盟——
兄弟盟成员。

业明星外，就是结识一些以演讲闻名的各路专家。

从"新中国第一代舞蹈家"转型为"中国四大演讲家之一"的彭清一，是张斌最为敬佩的演讲家。彭清一10岁丧母，18岁考入华北大学艺术系，学习歌舞。曾以《红绸舞》《西藏舞》在柏林为祖国赢得两枚金质奖章。1985年，55岁的他在给青年演员做示范动作时不幸跌倒，左腿胯骨粉碎性骨折，并留下了终身残疾。但他不顾家人的劝阻，又迈上了另一个人生的舞台——演讲台。

在一次生日晚宴上，有人对张斌说："那是彭老师，你怎么不认识他？"张斌看到有几个著名企业家正在跪拜彭清一，祝他生日快乐。"我那时开始关注这个老人，他身上有什么值得我们学习的呢？"按张斌的话讲，彭清一对晚辈的态度令他感动。"当发现你有问题时，他绝对不跟你客气，会毫不保留地给你指正，而且以真挚的态度，让我看到一个父亲般的导师，我觉得他就是在扮演我生命中父亲的角色。"

在胜者企业家峰会的最后一天，彭清一压轴登场。张斌的敬仰之情溢于言表，"他是一个伟大的演说家。我为什么用'伟大'？因为他用生命去传递一个东西，这个东西就叫做真正的胜者精神"。

在张斌主办的一本名为《胜者》的内刊上，众多国际政要和知名企业家都被他以"胜者"命名，与他的兄弟盟会员一道以图文并茂的形式加以介绍。

培训师的"胸怀"

> 人生没有真正的敌人。有人可能是你的贵人（这个培训行业必须有），有人可能是你的合作伙伴，有人则是志同道合的战友。"即使仇家，也要感恩。"

路过机场书店，你也许听见过刘景澜的声音，他是音像作品《你的口才价值百万》《超级口才教练》里那位自信的演讲教练。百度百科关于刘景澜的名片介绍，煞是光鲜：亚洲著名讲师，亚洲顶尖电话行销专家，首创"电话营销"和"公众演说魅力表达"系列课程……学习型中国世纪成功论坛主席，短短几年，他占据了中国培训业大部分市场，赚了巨量的钱财"。

八年前，刘景澜认识了张斌。因为"欣赏对方的努力，欣赏对方的用心做事"，两人开始互相走动，在胜者集团十周年庆上，刘景澜亦做了专场演讲。

这种同行友谊来之不易。多年前，因为同行竞争的缘故，张斌的身上留下竞争对手施暴的八个刀疤，差点丢掉性命。"当我离开那座城市的时候，我很恨他。我想报仇，我真的想过很多招式。"2007年，张斌无意中看到培训课上一个学生非常面熟，一打听，才知此人就是仇家的亲弟弟。

"当我身边的人说要揍他一顿时我制止了他，我反而很感谢他的哥哥，如果不是他当时把我逼出来，我不可能有今天这样的结果。"张斌，这个习惯脸上挂着笑容的培训老师，又悟出一个人生真谛：企业家不仅要感恩你的贵人、帮你的人，连你的对手也要感恩，"正是他迫使你，才让你变得更优秀"。

变不成同事，就做朋友。这是张斌的人际交往术。李军曾做过企业高管，任多家知名企业管理顾问及独立董事。灰白的头发有点卷曲，铿锵的声音，诚恳的表情，李军身上洋溢的学者气息让张斌很是欣赏。张斌通过中间的朋友延揽李军为胜者集团的培训师。身为胜者集团研发中心的主任，李军是"识人定天下"系列课程的创始人，他的授课对象就是企业家，"你见人说鬼话，人听不懂；见鬼说人话，鬼听不懂。就是见什么人说什么话，这才叫会说话。"

"培训行业是最容易出现大师的地方。"一位不愿意具名的业内人士说，"目前培训业为了增加噱头，都给任课的老师安一些响亮的名号，无非是多销售些他们开发的课程。"这些大师要么来自高校，要么来自企业界，要么就是某国外心灵或情绪管理学大师的中国传人。"这些课程，目标直指人生的成功，尤其是事业的成功。这些培训高手与一些口才不错的商业明星，开始以演讲等方式抢占企业家继而是社会中青年的头脑，成为他们人生的导师。"

"张斌的胜者精神，在培训行业竞争激烈的当下有着积极的意义。但我们今天处在信息社会，'成功学'本身已经演变成了一个各种理念、各种学说狂轰滥炸的阵地，行业风气如此，人们有多少时间能够真正理解这个'胜者精神'呢？"在培训行业摸爬滚打多年的孙科炎是北京华通咨询公司总经理，他认为培训行业现在缺的很可能不是理念和精神，而是"我们如何真正地展开对学员的持续服务"，"持续服务缺乏，精神理念也常常不能持久"。"所谓'导师'的信徒，他们的内心其实是脆弱的，而且是倾向于积极进取的——无论这种心理背后的动机是什么。"孙科炎说，"他们的这一点心理状态我们要肯定，而且要去保护这种心理。确切地说，你不会看到多少自暴自弃或者玩世不恭的人认真听一堂成功学课程。"

虚假光环

> 培训与出版行业，无疑是推销成功学、塑造人生导师的最重要阵地。为了明天的成功与幸福，有人饥不择食；为了追求业绩，"大师"云集，部分市场乱象频出。

有两件事刺疼了孙科炎这个培训业的资深人士。有一次他到深圳一个亲戚家做客，那个亲戚有自己的产业，算是事业有成。席间聊到"培训"。亲戚说，有一个培训机构的销售员每隔几天就给他打电话，几乎都快求他了。"我当然无法接话。补充一句，这个培训机构是业界数一数二的，当初闹腾了一段，说要上市。"这反映了什么？那就是所谓的"培训"常常斯文扫地。该反思的显然是"培训者"。

一个朋友引荐孙科炎去现场观摩一位"大师"的成功学演讲。大师的穿着很有特色，灰色的道士服。讲课很有煽动力，课堂上群起欢呼。起劲处，他说："下面我分享的这句话，至少值10万元。"在那个场合，"我应该可以是个冷静的旁观者。学员们在当时不会觉得这样的演讲有多不对，不过学员很容易在课后反思，认为自己实际上是被忽悠了一把。对培训的这种观感其实已经是相当一大部分群体的共识了"。"这个事，反映了什么？反映我比较传统。"孙科炎笑着说，有些"大师"太貌似了，不敢仔细追究。

在孙科炎看来，国内摆在台面上的成功学，其根基是很弱的，所以授课老师"被迫"学习了一些"虚假的套路"以迎合市场，"真正能够脚踏实地、根基深厚的人很少"。孙科炎很忧虑培训行业的这种趋势：在沿海地区，出现一种商业模式，一些机构设置一些课程，建立一些看似非常有影响力的名头，然后拉拢老师，让老师也付费，然后老师再把熟识的人拉进来复制下线分成……"我无法给这种商业模式下定义，给学员的提醒是：看你自己的需求。每一个人学习的最终目的是改善自己的学识与修养，增进自身的能力。学习不纯粹是一场商业游戏。"

学员确实要增强识别能力。孙科炎说，一些老师其实水平不高，但确实敢讲，他们有各种虚假的名头，有拉帮结派的名人推荐之类造势，"学习者不要轻易迷失在这种虚假的光环里"。

在资深出版人陈之川眼里，无论出版还是培训行业，他们贩卖的成功学根本不能称为学问，"跟星座、彩票预测什么的一样"。

宣佳丽是中信出版社的资深图书编辑。她做的第一本成功励志类的书叫《不要只做我告诉你的事，请做需要做的事》，作者鲍勃·尼尔森是美国的一位畅销书作家，同时也是潜能激发方面的权威学者。尽管这本书已经前后3次被国内的其他出版社出版发行过，但至今依然销量不错。

2013年5月刚上市的一批全新修订版的企业家管理日志更是抢手。《马云管理日志》《柳传志管理日志》《任正非管理日志》上市之后马上热销。宣佳丽将此热销的原因归结为"人们对成功的渴望"，不过她补充道："另外一个原因同样重要，那就是被感动。这就是为什么会有那么多人喜欢《当幸福来敲门》那部电影、会因为那部电影落泪的原因吧。"在宣佳丽看来，所有这些令人感动的、真实的成功故事，都暗藏着一种感人的力量，就像《金矿效应》里所说的："正是这种潜藏在平静外表之下的'不安分'的精神在不断鞭策我们向前，让我们比旁人更有血有肉……莫斯科小女孩一堂非常普通的网球训练课的超高强度，贝科吉年轻的跑步者每天早上六点跑400米时表现出来的进取心，还有圣保罗贫民区巴西男孩坚定的眼神，这些都是对成功的渴望，都是对提高自己的渴望，并且他们愿意为此付出任何代价。"

当然这种感动在培训公司举办的课堂上也经常可以看到。"一些人参加学习也是为了扩大人际圈，或者是增进自身的'成功资源'，这种侥幸和投机心理也常常被教育机构和培训师利用。"孙科炎说，"很遗憾，我认为学员的不成熟和从业者的简单迎合与利用，两者造就了目前这样一种困局：学员在活动现场激情澎湃，三天过后像从梦里回到现实。"

云端——数字枭雄的游戏与决战

创新与反抄袭、竞争与反垄断，一直贯穿中国互联网的发展史。快速、暴烈、草莽、口水，基本上是互联网大佬和新贵应对竞争与反击侵略的常备武器。他们以利益为纽带，抢山占地。当下，合法的竞争与不规范的商业行为得不到必要的维护与惩戒。枭雄之战，故常在；尽管他们人人自称乔帮主的信徒，但这信，似乎只能飘在云端，落地生根则很难。

目击　见招拆招——IT领袖峰会激战

这个中国最大的互联网江湖，集中了目前最活跃的投资客、互联网大佬和创业者，他们各占山头，合纵连横，尽力盘活资源，确立各自的江湖地位。

"什么辛苦？一不挨风、二不淋雨，哪像我们天天在工地？没有哪一点可以说IT辛苦，按时吃饭，我们在工地能按时吃饭吗？他们太容易了，坐在家里晚上12点都可以干活，我们12点能干活吗？你们说的是逆世界潮流，你们太腐败了，勾结在一起欺负我们。"在深圳举办的一次IT领袖峰会上，任志强微博"发炮"，反击当天峰会上百度李彦宏与腾讯马化腾引发的微

引发的微博"暴动"——李与马当天同台阔论房价太高,微博上IT男激烈吐槽。

业界回忆这几年召开的IT领袖峰会,一致认为2012年这届最为精彩,"这是近几年中国IT界最热闹的聚会"。杨元庆、李彦宏、马化腾、张亚勤、熊晓鸽等重磅嘉宾悉数云集,加之微博助阵,让场内的精彩交锋发酵场外,业内的盛会赫然成为全民关注的焦点。混迹房地产的任志强跨界IT圈,"以一当百,一个人的直播,全中国的欢乐"。易凯资本有限公司CEO王冉参加了这次峰会,事后不胜感叹,"本次深圳IT峰会最大的成绩是向业界证明了自媒体的巨大潜力"。幸运的是,笔者也亲历峰会的精彩,亦当面向参会的IT领袖请教中国互联网的趋势与未来。

三度同台,太极高手过招笑面虎

毫无疑问,主题高端对话的含金量决定着每场峰会的成败。在亚信荣誉董事和顾问张醒生看来,每年中国(深圳)IT高峰会的最精彩论坛要数"B.A.T.S.蝙蝠群侠网天下"高端对话。这个环节专门为百度、阿里巴巴、腾讯、新浪四家企业而设。其中B代表百度,A代表阿里巴巴,T代表腾讯,S代表新浪。而这几个字母组合而成的单词,是蝙蝠的意思。

主持人大胡子吴鹰"枪枪挑事",直接逼问IT大佬。譬如在2012年这次峰会上,他问腾讯马化腾与百度李彦宏:"这一年腾讯花了很多力气在微博,奋起直追。从用户数上确实不次于新浪,以至于坊间一度传闻这次曹国伟不能来参加,是因为马化腾把他的微博打得太狠了,身体不舒服。我想问马化腾先生,你自己怎么评价腾讯微博和新浪微博之间的关系?你满不满意现在的情况,你认为你们比新浪微博差吗?你满不满意你们现在的程度?你觉得是不是还要把曹国伟再往下压一下?"老江湖的直接引发场下观众的大笑。马华腾避实就虚,只说腾讯微博内容很早就和百度合作。话锋一转，他却挑衅了李彦宏，"Google要花大笔钱去买内容。但是在中国，大家都无偿把内容奉献给百度"。李彦宏立即回应这是商业模式的不同，共同的应是给用户最好的服务。

据吴鹰讲，曹国伟因身体不舒服，马云因身在美国，所以缺席这次峰会。"这次马云不能来，大家在猜想他正在跟雅虎商量回购。我看了这两天雅虎市值200亿元，百度的市值500亿元，是他的2.5倍。你（李彦宏）有没有想过收购雅虎？"李彦宏笑着说："这个我肯定没有想过。因为我每天想的事不是把我的竞争对手干掉。况且我没有觉得马化腾、马云是我的

吴鹰客串中国（深圳）IT高峰论坛"B.A.T.S.蝙蝠群侠天下"高端对话主持。

最大竞争对手。"

马化腾也坦承一年来两家主流微博的拼杀，"大家都不计成本"。他说，腾讯微博投几千万元广告费，新浪微博就投几千万元广告费进行拼杀。"看得出来我们是打得挺难看的，如果腾讯微博被打得鼻青脸肿，新浪也会满脸是血。"马化腾说，除了正常的商业竞争，"我私下跟老曹（曹国伟）还是非常好的。"

李彦宏坦言，移动互联网对百度等互联网公司挑战很大，但他认为百度仍然处在有利位置。同时正在不停提升产品体验。临近结尾，李彦宏抛给马化腾一个问题：如果马化腾是百度CEO，他会怎么做？而马化腾以一句"思路跟你一样"轻松回应。台下笑了起来，李彦宏说："你不舍得给我出主意。"

马化腾与李彦宏在会场的出现，基本上是第一排的中心位置，俩人座位挨在一起。不过大部分时间两人都是静听台上演讲，即使窃窃私语也是各自扭头找身边的朋友。这两个会场最耀眼的明星，没有接受任何一家媒体的专访，哪怕只言片语。同台对话结束后，两人马上在安保人员的围护下匆匆步入酒店门口的轿车，飞驰而去。

从2010年开始，李彦宏与马化腾连续三年出现在对话环节，俩人的精彩碰撞，也已经成为IT领袖峰会的金字招牌。

四处攀谈，创业党闻风而动

这次论坛一个让人惊喜的地方，就是峰会操盘手吴鹰请来微博达人任志强助阵。主题会场的大背景板的两侧分别是腾讯与新浪两家的微博投影。李彦宏的坦率，马化腾的严谨，吴鹰的幽默，被以"任大炮"为首的微博控们第一时间发布，或给以赞赏，或评以挖苦。"当面笑嘻嘻，肚中暗咬牙，背后舞刀枪，何称蝙蝠侠？"

任志强发微博的速度与质量让台上的主持人吴鹰惊叹："任总能及时捕捉嘉宾的观点，而且速度很快。我原以为他是借助什么语音之类的软件，其实他就是用手拨拉。"不过任志强也在微博上直接抱怨："吴鹰邀请我参加IT大会，当新闻发布的小记者。一、不给发会服；二、不给留座位；三、不给参会胸牌。整个一个编外。朱民见面说有些话不能发到微博上。临时工还管那么多？"尽管说他是"不管那么多"的"编外"，但吴鹰与马、李对话结束，记者蜂拥着将话筒硬塞到任志强的下巴下，这个微博上嬉笑自如的"小记者"就讲起原则来了，强调"吴鹰讲了，让我不要说"，不过最后他还是被一家网络媒体撬开了嘴巴，面对记者"您不觉得IT所受的压力比地产大吗？"的问题，他直言："IT最主要是他们挣钱太容易了，第一政府很少监管；第二都跑到境外去上市，没干两年股权翻很多倍，哪像我们这么辛苦。"台上，马化腾与李彦宏随手批判了房价，"恼怒"的任志强说他真想冲上去，"社会把他们看成是好样的实体，我们反而成了虚拟，整个是颠倒黑白"。

参加峰会的除了国内最有影响力和号召力的IT行业领袖、投资家外，最积极的，恐怕是一些IT创业者。笔者在会场就碰见不少年轻老板在场下积极派发名片，递交商业计划书，希望得到IT风投青睐。一位做资源回收网站的江西企业家手握一份厚厚的商业计划书，殷勤地向笔者打听熊晓鸽的联系方式。他说他也参加了2011年的IT峰会，一直想找到熊晓鸽，"他是个牛人，也是个好人"。当笔者把熊的助理的联系方式告知他时，他马上致谢，奔出会场。"他肯定打电话去了。"另一位想让笔者报道自己创业故事的商人马上笑着说。他同样有个创业项目——一个能刷银联卡的盒子，插在手机上，可以支持网上消费。

很可惜的是，这些投资者参会而来，基本是来论道的，而这些前来融资的创业者，基本没有接触他们的渠道与机会。

老大哥的低调与荣耀

不管如何，论坛主持人与发起者——数字中国联合会主席吴鹰可以笑傲江湖了。如今国内IT界"枭雄"基本成为峰会上的常客，而一年一度的江湖论剑成为中国信息产业年度影响最大的事件。自2007年从一手创办的UT斯达康离职以来，吴鹰的江湖声望因运作中国IT领袖峰会而再度被政商两界认可。

当年在董事会的高压下，吴鹰离开UT斯达康，之后，他变得异常低调。尽管他把这种低调解释为自觉行为，"我们希望尽量低调。低调不等于没做事。我们在底下做事"，但媒体还是宁愿相信其在高尔夫球场的苦练是一种舔血疗伤。他在球场上过了50岁生日，还打出了84杆的好成绩。"我以前说过，我打高尔夫的最高境界，就是能破85，没想到破了。这就是高尔夫让人迷恋的地方，什么岁数都可以有目标。"他的事业新目标除了以投资公司老板的身份出现外，就是着力打造中国IT领袖峰会了。

在数字中国联合会秘书长刘钜波看来，IT领袖峰会每年都有一些变化，"越来越高端，而且嘉宾来的数量也越来越多。"基于推动整个中国及亚洲地区数字化发展进程，数字中国联合会于2003年2月16日在亚布力正式成立。美通无线公司董事长王维嘉是数字中国联合会的创始会员，他告诉笔者，IT领袖峰会的前身就是数字中国高峰论坛闭门论坛（不邀请任何媒体和非嘉宾参加）。从2005年开始，举办地单年在美国旧金山，双年在北京。从2009年起改名为IT领袖峰会，便落户深圳。不过，闭门会议这个环节，至今仍被峰会保留，谢绝媒体采访。"谈及的是一些不便见报的话题，不局限于信息产业，有一定的敏感性。"一位不便于透露姓名的业内人士告诉笔者。

在王维嘉眼里，吴鹰始终热心推动IT领袖峰会的发展，"他人很厚道，人很稳重。像IT领袖峰会，我们虽然都是常务理事，但是最主要还是吴鹰的功劳。大事、小事都是他负责"。想当年，这个老大哥就带领一彪人马，凭着一个"落后的技术"推出小灵通产品，几年内就拥有过亿用户，催化着分拆后几大电信巨头的竞争。"他战略思考层面很强，有很好的交道能力，对内能很好地融合团队、鼓励团队，对外能找到同盟军，广泛地联盟。"昔日UT斯达康一位高管这样评价吴鹰。

对于人脉资源，吴鹰有他的心得："对双方有好处，我们再去推动。不能只是对我们所投资的企业有好处，对别人没有好处。"这或许可归因于吴鹰的性格："不管是大人物还是小人物，能帮尽量帮，也不图别人回报你，这也是做人的道理。"

纵深　诸侯争霸——丛林法则下的凶狠网战

互联网企业向来有唇枪舌剑的传统。与传统产业不同，口水竟在这里成为一种推广模式。不过这些明争与暗斗，莫不是利益作祟。沸腾的中国互联网，从内容门户网站的扁平竞争，开始了你死我活的全面战争。

2012年5月14日，京东商城创始人刘强东一大早微博发声："4月初就有很多朋友提醒我们，有人组织了4波针对京东的攻击文章！目前第一波基本结束，第二波本周就要开始了！"

"这是中国互联网创业者必经的一道坎儿！当他们无法用竞争手段消灭你的时候，'口水'（他们称之为公关战）就是最后一招！大家搬板凳看大戏吧！"

大戏没有开演，另一场互联网暗战上线。雷军与周鸿祎两位江湖大佬因智能手机的创新与抄袭问题，在微博激烈互搏。2013年5月19日凌晨，马化腾赶来劝架："唉！其实他（周鸿祎）是个演员。剧情、套路、表情每次都差不多。雷总看透了就陪他练到底吧。"

十多年来，陪周鸿祎"练拳"的互联网大佬先后有马云、马化腾和李彦宏。周鸿祎的率性冲杀与雷军的愤怒反击，向国人曝光了互联网竞争的戏剧化一面。抄袭与口水，贯穿互联网企业的竞争始终。名利之争，被互联网放大，进而娱乐化、"流氓化"。

周鸿祎的闪击

　　　　性格决定命运，但利益左右行动。周鸿祎一路左突右冲，无非是想以快制胜，打倒横在他前路的巨人或螳螂，胜出才是目的。

2012年4月13日，广东省高院宣布，针对腾讯公司在3Q大战（指360软件与腾讯QQ之间的争端）期间滥用QQ的市场支配地位，强制用户卸载已安装的360软件一案，360已向广东省高院提起反垄断诉讼，并索赔1.5亿元。4月18日，控辩双方激烈交锋，基于案情的复杂性，当日法庭未做出裁决，将择日宣判。

这场"战役"的主攻手是奇虎360的创始人、"网络狼人"周鸿祎。

2010年10月29日是马化腾39岁的生日。他收到周鸿祎送他的"生日礼物"——"扣扣保镖"。给QQ体检，帮QQ加速，除了在线沟通外，QQ的功能几乎全被"扣扣保镖"拿下。

这距离周鸿祎正式发起战争的日期9月27日，只过了一月。此前"战争"处于胶着状态。而此战的大背景是，腾讯自2006年始，已是中国互联网公司中收入最高、赚钱最多的公司。卖过OICQ（一款即时通信软件），做过SP（Service Provide，电信增值业务）生意，腾讯从即时通讯供应商一路高歌，向综合平台提供商顺利进军。马云的淘宝刚撬动了用户的钱袋，于是江湖上不久就出现了马化腾的拍拍；51.com掀起个人娱乐的网络休闲时代，马化腾则以QQ空间吸引了更多的网民。马化腾击溃了一个又一个对手。腾讯似乎无所不能，所向披靡的霹雳手段令同行侧目与瞠目。新浪执行副总裁陈彤曾在微博暗批腾讯："某网站贪得无厌，没有它不染指的领域，没有它不想做的产品，这样下去物极必反，与全网为敌，必将死无葬身之地。"

2010年7月，一份行业报纸以《"狗日"的腾讯》为题，集中火力批判了腾讯的"不端行为"——垄断与不开放。舆论哗然，尽管最终以媒体的道歉结束了这次蚍蜉撼大树的战争，但一双猩红的眼睛早已紧盯腾讯。周鸿祎看到了机会。2010年9月27日360发起"战争"，以一款名为"360隐私保护器"的工具软件，直指QQ侵犯用户隐私。两家你来我往，战局在口水中僵持着。

"扣扣保镖"的及时杀到打破僵局，逼迫腾讯祭出"二选一"的"含泪决定"，终于激怒网民，最后以国家管理部门的发话，结束了中国互联网上有史以来最著名的一战。

事后有人对3Q大战的导火索有如此一说，"此前周鸿祎曾给马化腾发短信，希望360与腾讯合作，具体的计划可能是，腾讯增发股票，用增发募集的资金入股360。"在周鸿祎看来，这样做一方面可以解决360的资金问题，使得360进一步壮大；而对腾讯来说，如果双方携手，那么腾讯也可以利用360相关技术遏制百度。但是马化腾最终拒绝了周鸿祎的建议，从而使得360坐卧不安，"为了保证自己和百度开战的时候腾讯不跳出来拖后腿，于是周鸿祎选择了和腾讯开战"。

卖掉中文网址3721，又亲手以360杀死3721，周鸿祎的冷血，为自己赢得了"流氓软件之父"的不光荣称号。自1998年10月闯入互联网世界，周鸿祎左冲右突，得罪同行无数。仅以2010年为例，2月，与瑞星因为后门事件刀光剑影；5月，与卡巴斯基的矛盾公开；5月，360封杀金山网盾、遨游、可牛；8月，和百度互相起诉……中国互联网大佬，基本被他的言行得罪殆尽。但这个大嘴巴，死不悔改，"我不会顾忌别人怎么看，或者顾忌到放弃什么东西。"

从单打独斗、人皆英雄的蝙蝠侠（BATS）到重新演绎互联网风暴的桌子（TABLES，T——腾讯，A——阿里巴巴，B——百度，L——雷军系，E——周鸿祎系，S——门户网站中最有机会的新浪和搜狐），互联网派系斗争的温情薄纱，被周鸿祎以一己之力撕开。

"从某种程度看，我们可以把3Q战争当做这些平台型企业为了在未来中国互联网的桌子上争到一个好的位置的预演。在这场战争中，除了作为主角的360和腾讯，还有百度站在腾讯一边，新浪站在360一边，金山、可牛和遨游的背后有雷军的影子，阿里巴巴也在3Q战争后宣布停止与360的合作，TABLES全齐了。"作为TABLES一词的发明者之一，科技博客雷锋网联合发起人岑峰认为"增强用户对自己的黏度和停留时间"会持续引领未来互联网企业的"战争"方向。

马云的太极

与中国互联网第一代门户网霸主基本同期创业，以电子商务崛起于8年后。马云的太极招数，晃过对手周鸿祎，杀过爱将卫哲，紧密地团结着同好郭广昌等商业名流。

阿里巴巴1999年创业，那是新浪、搜狐、网易这样大型的门户网站疯狂的年代。当时投资的50万元，是18个人东拼西凑起来的。由于经费紧张，人员外出办事很少打车。据说有一次，大伙出去买东西，东西很多，实在没办法了，只好打车。大家在马路上向的士招手，来了一辆桑塔纳，他们就摆手不坐，一直等到来了一辆夏利才上车，因为那时夏利每公里比桑塔纳便宜2元钱。阿里巴巴曾经因为资金的问题到了几乎维持不下去的地步。

这些大都是8年后（阿里巴巴在香港联交所上市）马云的追忆，无人旁证。2011年4月，在绿公司年会上，他与昔日旧将卫哲同台，因阿里巴巴欺诈事件引咎辞职的卫哲竟然成为马云宣讲其商业价值观的解剖标本。

在阿里高管会议中，马云曾要求麾下以太极图、阴阳鱼的方式思考问题——要从看起来很"虚"的企业文化和制度，落实到很"实"的员工行为与业绩；从很"虚"的理想激情，转化成很"实"的市值、利润。

岑峰在接受笔者采访时说，在金山、百度等五家公司宣布与360不兼容之后，在天涯论坛有人称，以马云和周鸿祎的血海深仇来看，下一个不兼容360的应该是淘宝旺旺了。"这么猜测的人看到的是3721、雅虎、阿里巴巴之间的故事，当年马云也曾经指天发誓，此生决不和周鸿祎来往，但是此后的实际情况却是阿里集团和360有大量的业务往来。"

2012年2月，武打巨星李连杰发了一则招聘微博，"多个职位期待充满激情的您加入，共同弘扬太极博大精神，展求太极禅之文化！"其实，早在2011年4月，马云和李连杰就成立了太极禅文化公司，李连杰任全职CEO。

无独有偶，企业家中，郭广昌、柳传志、王均金、吴鹰等都是太极粉丝，经常与马云同台切磋。但能把太极做出商业价值的，唯有"外星人"马云。淘宝网创立时，每个员工都用一个金庸武侠小说中的角色来当自己的花名，马云名号"风清扬"。"我一直最喜欢的就是风清扬，因为风清扬的武学就是出手无招，这是我一直最向往的一种境界。"马云说，真正的武林高手就是要这样"无招胜有招"。

马云的能言善辩名闻中国商界。这个前英语教师最擅长讲述传奇，而阿里巴巴的崛起奇迹无疑让马云语录成为中国互联网史上最难以辨别真假的"箴言"。不过，在大众非白即黑的思维定式下，所谓的"兼容黑白""阴阳并重"，容易看出其"不诚实"与狡猾的端倪。

乔帮主的爱徒

这是一个有趣的现象。中国坐大的互联网公司，无论是背着不开放恶名的腾讯马化腾，还是四处挑战的360周鸿祎，都拜不走寻常路的乔帮主乔布斯。乔帮主的门徒，遍及中国互联网。

2011年乔布斯的病逝勾起现为中国宽带资本董事长田溯宁的深情回忆。2006年底，田溯宁忽然收到硅谷一老友电邮，说乔布斯想找个中国人见一下，谈一谈中国市场。惊喜之余，田溯宁和马云一起见他。在乔布斯的会议室谈了约一小时。田溯宁印象最深的是，乔布斯看到田拿的手机，就说，你拿过来给我看下。乔布斯拿过去之后玩了两三分钟，"像把玩古玩一样把玩那个手机。然后我就问他，你会不会做手机？他笑而未答。"话语不多的乔布斯让怀着朝圣心情的田溯宁有点失望。

优米网开创人王利芬在新浪微访谈时旁证了马云与田溯宁"朝圣"的事实。王利芬的两个朋友跟乔布斯有过多次接触。就她所知，马云就是在她的朋友的引见下见过乔布斯。王利芬也通过他们探听领会到，乔布斯是一个最不贪慕虚荣的人。

相比田溯宁见面后的失望，土豆的王微要用郁闷来形容。在朋友的牵线下，2009年，王微走进了乔布斯的办公室。王微刚用几句话介绍完土豆，乔布斯就开始批评用户产生内容的视频模式："这是偷。"王微解释道：“我们只是提供分享的平台。”乔布斯斩钉截铁道：“帮助用户偷！”会议无结果地结束了。在苹果的大堂，一同来的朋友忙着去买纪念品，“我说，‘我不买。’”过了一段时间，王微悟到了乔帮主的伟大。

IT投资人与创业家雷军更是资深乔迷。在一次小米手机发布会上，雷军以黑色T恤+蓝色牛仔裤表态，而这恰是乔布斯在苹果产物公布会的衣着“标配”。场下有观众喊出了“雷布斯”的口号。雷军自曝大学时就看到《硅谷之火》一书，自此，雷军就希望拥有乔布斯的伟力。

有趣的是，雷军几句调侃乔帮主的话，引起了网上“暴动”。雷军2011年8月曾和媒体闲聊时说：“乔布斯是这个时代的伟人，他的光芒罩住了所有明星。但乔布斯有一天也会死，所以我们还有机会。”此话被传上微博，周鸿祎瞄住了，马上发微博嘲讽：“我被雷倒了，忍无可忍，这是真实的雷军？乔布斯的伟大和你有矛盾冲突么？没有乔布斯创造出来这些产品的启发，很多人都还在瞎摸索呢，所以你何必装果粉呢。”3小时后，雷军在其微博郑重致歉。

岑峰和他的朋友是中国互联网TABLES一词的发明者，在他看来，TABLES基本概括了中国互联网的本土势力，它们是“丛林战”的主力。而像Google和微软等跨国公司，基本成为向中国互联网输送灵感与人才的平台。微软的张亚勤很委婉地说过，“很多跨国企业，互联网的企业，在美国成功、欧洲成功，到中国都有集体的水土不服的现象。”在他看来，不是技术的原因，不是人才的原因，也不是资金的原因，多是文化理念的差异。

这些乔帮主的爱徒崇敬创新，但抄袭成风且振振有词；埋头垄断，却呼吁公平；热爱帮主，嘲讽帮主，帮主成为他们互殴的“武器”。一位业内人士如此感叹。

云端的"战争"

在移动互联领域，战火已经点燃，厮杀的兵马正在排兵布阵，跃跃欲试。TABLES无一例外会卷入战火。这是一幕幕似乎永不停歇的"弹压与复仇剧"，少不了"你搞我，我搞你"。

斯坦福大学博士王维嘉1994年于硅谷创建美国通用无线通信有限公司，在中国第一个提出并开创了无线互联产业。他极为推崇田溯宁，"他从网通出来以后，就一直在找可以使他有激情的东西，最后找到了云计算。中国未来，云计算可以发展起来的话，第一个功劳就应该归于田溯宁。"云计算，给了移动互联更多的实现空间。

曾领导新浪成为全球最大中文门户的王志东，现在是点击科技的总裁，在他眼里，"云计算是个筐，什么玩意儿都可以装"。不过王志东承认云计算是个非常成功的营销概念。"云跟计算有什么关系？就因为没有关系，给了大家无数想象的空间。"不过他在接受媒体访问时表示至今仍然看好移动互联领域，"但无法预见巨头"。

深耕移动搜索八年的宜搜CEO汪溪曾在一次论坛上表示，移动互联网和传统互联网区别巨大。互联网时代多是比较传统的入口浏览器和搜索，到移动互联网时代，将有应用商店、手机终端、手机系统等多种入口形态。"移动互联网，三年大家会做出一些差距，四至五年格局会初步定下来。"天下互联CEO张向宁在一次公开的演讲中则认为这一时间轴将短得多：一至两年，移动互联网会涌出一批先锋企业，在用户数和规模方面占据优势。

"互联网的魅力就是不断变化。当年雅虎多厉害，现在也完蛋了。Google多厉害啊，微软当年觉得不可战胜，现在你看Facebook（脸谱）出来了，市值多高！互联网就是江山代有才人出，各领风骚一两年。这个有什么残酷的，就是好玩啊。"即使多年前已经占据互联网发展的良好位置，王维嘉接受笔者采访时也说不敢吹牛，"其实像我们就是应该被淘汰了，做得好的是三十多岁的人。世事无常啊，人总是要死的"。

2010年8月，国务院总理温家宝视察迅雷，一向低调的CEO邹胜龙闯入公众视野。尽管这个靠下载业务起家的公司创办已有7年，目前独占该领域八成市场份额，拥有过4亿用户，但他声称还要"以速度杀出一条血路"。

土豆与优酷的合并让2012年初的互联网大吃一惊。继游戏之后，视频大战已吸纳中国大部分门户网站与视频专业网的资金与注意力，亦进一步边缘化了一些门户网站，譬如网易与搜狐。但巨大的投入与收入的捉襟见肘令视频"诸侯"们头疼不已。寻找更能触动市场G点的市场热点，成为互联网大佬的年度话题。移动互联与云计算适时杀到。

岑峰用小农意识解释这些TABLES之间的恩怨情仇——所谓一方水土养一方人。中国是小农意识发达的国家，"哪怕双方从事的是和国际接轨程度最高的互联网，就算受了国外思想的启蒙，最多也是旧社会喝了两年洋墨水的假洋鬼子"，即使他们同拜乔帮主，"关键时刻还是会显露自己的小农意识"。

曾为腾讯网战略投资总监的程苓峰对口水与攻击有份别样的观察，现在他养成了一个习惯，腾讯财报去新浪科技看，新浪财报在腾讯科技看。"真相只能通过毫不留情的彼此攻击来呈现"。他在微博上直言，周鸿祎一度缠斗雷军，对小米（雷军运营的互联网企业）的揭露比所有媒体过去两年的总和还多。雷军对周的反击比所有媒体过去揭露得更深刻，"而对手间毫不留情的攻击才能曝光真相；只要基于事实，看似恶行却有善果"。

博客中国和全球网创始人方兴东专注互联网16年，始终坚信和坚持"以互联网精神为本"，他认为360诉腾讯垄断案"堪称2012年互联网业界最大的好事"，"这场战争谁是谁非不重要，重要的是终于真正打起来了。其教育与启蒙意义远远大于最终结果。所以，我个人希望这场战争不要太早偃旗息鼓，而应该此起彼伏，延绵不绝。让中国互联网的规则和秩序问题真正有个水落石出。最终的赢家是整个产业和所有用户！"

没有规则与秩序，以快制胜，这已成为当下中国互联网经济的最大特征。大象快速踩死蚂蚁，新手乱拳打死老师傅。从门户网站的竞争起，到电子商务网站的兴起，微博社交媒体的发达，乃至移动互联的被寄予厚望，新锐企业层出不穷，为了活下去，为了不被冲垮，大佬无一例外地在急躁与口水中喘息、大开杀戒。而法律的滞后，无疑无法制止类似3Q大战的诸侯大战。大量抄袭的蛮荒状态必然扼杀中国互联网的创新精神。业内人士称，要避免互联网的丛林法则，"立法资源必须充分吸收行业公约等一线资源，更多地使用国外案例，弥补法规的滞后与不足"。

复生——大腕再起路线图

商场如战场，下一个输家，也许就是场上曾经耀眼的赢家。三十多年来，或因体制，或因资本，或因时势，轰然倒下的商业明星不胜枚举，但总有一些商业枭雄不甘于退场的当下人生，再度爬起，重新走向人生巅峰。他们收获的不只是荣誉和名利、对规则的敬畏，更多的是人生的自在。这些东山再起的大腕，开始了另一种人生——学着认识自己，快乐生活。

重出江湖考

> 市场经济的跌荡、违法行为的出现无可避免地造就商业上的失败者。有人退出，有人逆流再起，重铸人生辉煌。

每年5月，于孙大午而言，是舔舐伤痕与提振士气的时节。

2003年的那场"变故"，让亿万富豪孙大午声名大噪。大午集团低谷反弹，十年来，营业额已翻十几倍；而经孙大午一手打造的私企治理制度（监事会、董事会、理事会，分执企业的所有权、决策权和经营权）更是开民企治理的先河，令商界和学界瞩目。

猝然的打击

> 从一无所有，到事业有成，他们都有不卑不亢的气节。一南一北，两个赢得商界追捧和社会声誉的汉子，最终却身陷牢狱。墙内，他们不屈；墙外，声援四起。

1985年，孙大午妻子刘惠茹以每亩6元的价格承包被称为"憋闷疙瘩"的荒地，联合5位原始股东，启动资金2万元，购买了50头猪、1000只鸡，建起了一个小型饲料厂。但第一年亏损后，4位股东相继撤出，孙大午则鼓励刘惠茹坚持了下来。

1987年养鸡的利润开始上升。鸡场规模随之扩大，只用了四五年的时间就完成了大午集团最初的财富积累。"厂子越办越大，后来雇到几十个工人，我也是在自己每天上下班的间歇时间帮助打理。"孙大午告诉笔者，"她一个人承包荒地，非常吃力。"

于是从1987年起，在银行工作的孙大午开始写辞职报告，不过当时这种行为并不被人们理解。"那个时候能开上212吉普车是目标，怎么能去开荒呢？"当时人们普遍是这种想法，"家有万贯，带毛的不算"。来了鸡瘟，一夜之间什么都没有。

1989年，辞职后的孙大午和妻子一起开始创业之路。"果树生虫子没钱买农药，二人就动手一只只地捉；为给鸡舍降温，把仅有的一台电扇让给了鸡群；为打开饲料的销路，妻子刘惠茹推着小车免费送货上门，让农民赊销试用……"

其间虽有磕绊，但生意最终做大。1996、1997年，大午集团多个项目开建，需要很多资金，但靠企业的自有资金和银行贷款根本不够。

1995年，大午集团被国家工商局评为500家最大私营企业之一，这为它赢得了河北省农行对农业大县的一笔专项贴息贷款——250万元。"这是公司成立以来得到的第一笔大额贷款，此前从银行得到的贷款只有几万元的样子。"大午集团总经理刘平向笔者追忆道。1997年左右，孙大午再被河北省政府评为"养鸡状元"，此后得到了农行的第二笔大额贷款——180万元。

对于一个乡镇企业来说，430万元是一个不小的数目，但它却仍然不能满足大午集团的发展需要。"因此，从1996年开始，我们采用'职工入股'的方式融资。后来逐渐从职工扩大到了邻村的村民。"从不信服潜规则的孙大午已经无法从当地信用社等金融机构贷到款，被迫一步步走出险棋。

其时，一张围猎的法网已悄悄张开，只是孙大午没有察觉。他的大儿子孙萌正紧张地办理留学的签证，他的兴趣更多的在于学习国外的管理科学。2003年5月27日上午11点左右，正在开会的孙大午接到一个电话，他告诉一位身旁的部下："县里新来的书记要请我吃饭。"

孙大午刚到约定的鸿雁大酒店，就被当场控制。"真是鸿门宴啊，不过这是预谋已久的。就在我赴宴的同时，当日13点30分左右，十几辆车停在了大午集团财务室的门外。财务人员和一众高管被一同带走。"

5月29日晚，孙大午和两个弟弟、财务处处长的家属分别接到徐水县公安局的拘留通知书，通知书标明拘留原因是，涉嫌"非法吸收公众存款"。孙萌的留学梦彻底流产，他临危受命，担任大午集团的董事长。

在看守所里的孙大午，也许脑海中闪现过烟草大王褚时健的遭遇。这个比他年长的企业家此刻也在狱中。当年和孙大午一样，在人生的最低点，赢得了学界和商界的一片声援。

1979年，褚时健得到起用，使命是去拯救陷入困境的玉溪卷烟厂。在褚时健任职的十几年间，玉溪卷烟厂成了"一台印钞机,"年税利从0.97亿元飙升到206亿元，1998年，玉溪卷烟厂名列中国企业税利榜第二（第一为大庆石油）。

"当时我们厂就直接从烟农那里进原料，我们的原料一出来，震动全国，美国人给我们鉴别质量，仓库门一打开，便能闻出味道不一样，烟叶的香气中还带点小甜味，这样的烟叶是高品质，他们就说我们占据全国75%的高档烟市场有道理。"褚时健2010年接受凤凰卫视杨锦麟专访时，回忆起那段激情燃烧的岁月时激动地说道。

风光背后亦暗流涌动。从褚时健手上批条子倒烟成了一门大生意，但这也为他日后在玉溪折戟埋下了隐患。他尽量躲着，因为要烟的人太多了，他又不懂得人际关系。

1995年，褚时健被人举报贪污，随后他妻子马静芬和女儿在河南遭到审查，其间女儿自杀，褚时健悲痛难当。1999年1月9日，褚时健被判无期徒刑，服刑两年后，刑期减为17年。

狱中的褚时健苦闷至极，身体状况也急转直下。他的朋友周树去监狱看他，他的一句话到现在周树都记得很清楚："你等我抽完这支烟再走嘛。"

一南一北的两个企业家，在事业上升期间遽然遭遇外力而身陷牢狱。他们的经营能力毫无疑问是优秀的，但对政策和法律的风险缺乏足够的重视；在企业急速发展的关头，企业领导必须慎重对待任何一个可能"触雷"的动作，这不只关系到个人安危，也关系到企业的存亡。

被激励的创业

20世纪八九十年，深圳无疑是内地人心中的创业圣地。那些刚毕业怀揣理想的年轻人、不安于体制内自身现状的中年人纷纷南下。

2003年7月，孙大午被捕的消息开始见诸国内网络。曾经的晋江警界探长、其时的网络新贵庄良基根本没工夫注意这条被许多企业家紧盯的新闻。他的网络公司正高歌猛进。这个被亲友称为"疯子"的创业者，正狂奔在亿万富翁的路上。

"疯子"的第一个职业是警察。20岁从警，29岁即成为当地最年轻的刑警大队长。1997年的一天，庄良基看到国外一华裔公开抨击国内互联网："泱泱大国，竟然找不到一个囊括中华文化的网站！"不服输的他毅然组建了纯公益的书生文化网。到2001年，庄良基把书生文化网做成了公认的中国第一并且最漂亮的文化网站。

为了做好互联网，庄良基决意辞去公职。领导不同意，父母更是以死相逼。最后经过一番争取，靠着8000元资本和四台破电脑，庄良基进军互联网。这个小公司有着让一般人瞠目的规矩——员工不准对客户说谎、不准闯红灯、不准坐公交特殊人群专座。

3个月的时间，庄良基缔造了人生第一个神话！2004年，庄良基的公司累计完成销售近1亿元，客户群达到2.4万家。从小公司发展成13个分公司、近千人的大团队。就在庄良基感觉离梦想越来越近的时候，危机正在逼近。当时，他举所有的积累开发商业搜索引擎258.com，结果这是一款粗糙的搜索产品，数千万元投资打了水漂。

"那年是2004年国庆前，当时500多个人的团队，因为这样的打击，彻底解散了。变卖了所有的资产。"庄良基说他当时签下了上百万元的工资欠条，"跑到五台山，当了几天居士"。

与孙大午、庄良基明确的创业目标相比，沈兴钟的深圳之行稍显莽撞，亦更富传奇色彩。

1988年，沈兴钟以搞活一个乡镇企业的代价，换到了从江西迁回上海的户口。但不安于现状的他，决心去深圳寻找运气。为了南下，40岁的他卖掉一部心爱的助力车、一支猎枪。有一天，他去应聘一个制药公司业务员的职位。对方问他做过医药行业没有，他说：没有。招聘方破例答应让这个自称"学习能力很强"的中年人试试。

第一次上班，就发生了一件滑稽之事，让沈兴钟的创业生涯甫一开始就充满意外。进大楼时，没有证件的沈兴钟故意雄赳赳地昂首进门，还是被保安挡住。沈兴钟疑惑地按照保安的指示，脱下鞋子。保安拿起一个钳子，动作利落地拔下了皮鞋上的鞋钉。"他说你这个鞋子要把这个实木地板走花掉的，再说走起来声音太响了。"

沈兴钟进公司不到半年时间，华东地区甲肝流行。沈兴钟向公司老总建议："给我一万元钱，我去搞药。听说上海的肝药是净赚的。"老总赶紧回绝："那不行！你才来几个月。"好说歹说，沈兴钟最后借出公司1000元，自筹3000元，买了一件像样的西装，一个密码箱。走之前，他用两天时间，待在深圳图书馆，将中国北方大型医药公司的经理名字全背下来。根据药品名录，他直飞哈尔滨。以预付3000元路费的方式，向上海运回六辆卡车的药品。一单就挣了70万元左右。老总最后以加200元工资的方式赖掉了沈兴钟的提成，一气之下，沈兴钟提包走人。但此时，深圳街头踌躇着的那个男人，脸上已无初来乍到时的迷茫。

沈兴钟的春天真的来了。一次在大排档吃饭时，碰见两个人在讨论玻璃片的加工问题，沈兴钟就凑上去说："这个是机械产品加工，我懂。"他亮明过去的技术身份，对方同意试着合作。沈兴钟马上回到上海，几经折腾，一月后，做出几十片样品。对方一看，激动得不得了，马上下了5000片订单。"给我10万港币，吓死我了。第一单生意就是这样开始做的。"沈兴钟说他是深圳第一家做手表玻璃的，后来做成套的手表和表带。

沈兴钟在国内手表制造行业的声名开始大噪。但后来随着香港地区、台湾地区的企业陆续内迁，市场环境骤然恶化，竞争越来越激烈，沈兴钟的工厂开始入不敷出。到2006年，工厂已负债170万元人民币。沈兴钟回忆往昔时说："我当时真的已经打算关门歇业了。"

陷入困顿的沈兴钟已经58岁，他心力交瘁，一筹莫展，决定孤注一掷尝试一下做外贸。一直从事传统行业的他，连26个英文字母都不认识，却开始潜心学习电子商务，全身心投入到网络营销中，不断接到订单，业务兴隆起来。

20世纪八九十年代，深圳是创业者的冲杀之地。1992年，同样和沈兴钟有着军工企业经历的陈灵梅放弃公务员待遇，从浙江赶赴深圳，和香港人合伙做起了服装企业。因和合伙人产生经营纠纷，不到一年，厂子倒闭，年近五十的陈灵梅背上200多万元的债务。讨债人纷纷找上门来，甚至暴力威胁。一次，几个讨债人冲进陈灵梅的办公室，手上拿着刀，脚往桌上一搁，大喝道："你拿不拿钱来？"

陈灵梅没有被外债吓坏，"有领导劝我，不还也就罢了，亏就亏了。我说不能亏了算了，一人做事一人当"。其时陈灵梅从香港拿订单，做服装代工，后来慢慢意识到盈利空间的狭小，开始转向做自己的服装品牌。她打造的品牌从一个到四个，品牌影响力和企业综合实力日渐提高，名为"赢家服饰"的公司在服装行业站住了脚。

崛起密码

> 这些能东山再起的商业明星，见识过成功，自然不会轻易被失败打倒，尽管他们再次创业时，有人已有七十多岁。年龄不是问题，心态才是关键。

1993年，无论是处于事业低落期的陈灵梅，还是创业激情充溢头脑的沈兴钟，都被这样一个新闻惊呆：从深圳大学毕业的硕士研究生史玉柱创建的巨人企业，仅凭借研发的中文手写电脑和软件，在当年销售额即达到3.6亿元，史玉柱本人也成为珠海第二批重奖的知识分子。随着要建中国第一高楼的新闻爆出，史玉柱一时成为沿海开放城市创业者的偶像。

1998年，史玉柱最终被炒得沸沸扬扬的72层巨人大厦压服。巨人大厦的建设，如海绵般吸干了史玉柱四处筹集来的资金。珠海市政府曾多方救助巨人，他们撮合另外一个房地产商接盘巨人大厦。设计修改了，合同起草了，政府配送的地批了，就在签字的一刹那，对方突然告诉史玉柱"不行"……

令人感动的是，巨人虽然倒下了，核心高管们却都愿意留在史玉柱的身边。这种信任，更让自称"史大胆"的他，焦虑不安。"我经常一个人在房间里面，回顾过去，思考我哪些做错了。如果我要重新创业的话，哪些地方是我需要克服的，哪些错误是不能犯的，我过去到底有哪些缺点。"

而问道柳传志，让他学到了最重要的一条，就是说到做到，做不到就不要说。"这句话很土，但是很实用。"靠着借来的50万元启动资金，他入手保健品行业。如此再战，他分析理由如下：一是其行业利润高；二是之前有过脑黄金等成功的案例可循；三是这一行对启动资金的要求不是很高；四是中间的环节比较简单，可操作性强。史玉柱的翻身之作——脑白金浮出水面，后来，如大家所知，红遍大江南北。

柳传志在心智和经验的层面上，无疑救助了史玉柱。

柳传志一句"我是幸运的褚时健"，很能道出他曾经经历的凶险。这个笑傲江湖几十年的商业巨头，很能体会被体制和市场夹击的痛楚，故能在合适的时机对那些落难的企业家施以援手。

2001年，因为严重的糖尿病，褚时健保外就医。"钱是继续创业的一个原因，谁都希望晚年的生活过得好一些。"正好附近有家农场可以承包。机会有了，但启动资金成了难题。"最后只能去借钱，因为老褚这个人有信誉，朋友没有一个不答应借钱的。我们说万一亏了可怎么办啊，但他们坚信我们一定会认真干，一定会成功，他们了解老褚的为人。"褚时健老伴马静芬曾这样告诉媒体，为了果园，他们前后借了1000多万元。

2002年，褚时健在云南省哀牢山上承包了两个相邻的山头——硬寨梁子和新寨梁子，建成了一个2400亩的冰糖橙园。冰糖橙是他的老家华宁县的传统农作物。75岁再创业，褚老的朋友们感慨不已。为了解决橙子不熟就掉和口味不好的问题，褚时健晚上睡不着，半夜12点爬起来看书，经常弄到凌晨三四点。"不把问题解决了，没法向那些借钱的朋友交待啊！"问题最终解决，"好的冰糖橙，不是越甜越好，而是甜度和酸度维持在18:1左右，这样的口感最适合中国人的习惯"。2012年，"褚橙"成了北京、成都、厦门等地最畅销的水果；王石等企业家也纷纷关注并点评褚橙，甚至称之为"励志橙"。

为什么这些跌倒的人能重新爬起？柳传志曾经说过："创业像一列前进的火车，不断有人上车下车，这很正常，但总有人想要去更远的地方。也许你创业能做到一定程度，之后退出肯定也比没做强。你要做得很大，就要做好更艰苦的准备。"

正是因为这些人想去更远的远方，即使失败，即使"困难无数"，决心"从来不动摇"。毕竟，他们尝过成功的滋味，而寻求人生更大的成功，则是他们最为在意的价值。

认清自己

> 他们一再成功，享受人生的月明花开；他们见识过人性的诡异，但更相信规则，更愿意遵从内心的召唤，或忙或闲，都能享受到快乐。

2013年5月11日，是庄良基生命中的又一个重要时刻。他和他的团队在厦门给中国互联网行业再次带来了震动。2006年庄良基在北京面向全球第一个推出了"中国中小企业电子商务一站式服务"概念，时隔七年，这次在厦门举行的"2013书生集团新产品新闻发布会"，正式推出了秀客、微呼、微猫、中移动、美站五项业内全新产品。互联网业人士惊呼：庄良基把中国互联网营销产业的发展推入了快车道。

享受事业成功的庄良基，不会忘记自己当年在五台山上的顿悟：比尔·盖茨的微软帝国有多大啊，可是相比我们的顺治皇帝，比尔·盖茨只是一个小猫猫，而我庄良基，相比比尔·盖茨算什么呢？这些打击又算得了什么？"因此，从内心彻底原谅了所有背叛自己的人。也从此，让我原本很严重的天蝎座特有的复仇心理彻底磨灭了。"

从40岁执意南下，到花甲之龄事业重创，再到当下，创立著名首饰品牌"汤斯敦"，被业内誉为网商教父的沈兴钟从来没有退后。"历史的浪潮总想把我打下去，埋葬到海底去，但是我总是在浪尖上抓到一根稻草又浮了起来。"

不过沈兴钟更喜欢实实在在的滚动式投资，靠自身的发展、自身的积累慢慢地做生意。"他们买房什么的我都不买的，我把生产的流动资金都储备得很好。要有足够的流动资金储备在那里，我再进行下一步的投资，我比较保守，不是猛干猛赶。"

这些东山再起的商界精英，展现与体验了众多人性的复杂。风雨过后，甘苦自知。他们有的开始洒脱退后，逍遥人生，譬如史玉柱。2013年4月19日，史玉柱辞去CEO职务，留任董事长一职。这个曾在一片废墟上重新书写了神话的商界传奇人物，早已不负责具体事务。史玉柱坦承："这个决定不是一下子做出来的，大概在三年多以前就已经从巨人网络退居二线，主要是因为觉得自己年龄大了。"对于退休后的生活，史玉柱表示第一是低调少出门，"你们未来很少能够看见我"。而第二点就是慈善，"我要筹700万元，然后再去一趟青藏高原花掉，一边玩一边做公益，这就是我想要的生活"。

陈灵梅则继续站立在管理一线。已是花甲老人的沈兴钟并未放慢脚步。当笔者问他打算何时退休，他立刻答道，现在想也没想过这个问题。"我不停地给自己制造障碍，给自己制造困惑，然后努力寻求答案。"令人惊奇的是，深谙电子商务之道的他却连键盘都不会用。"懂得用人，永远比你懂得技术更重要，"每天只消工作六小时的沈兴钟说，"我的任务是看清全局，领导大家，选择优秀的狙击手去战斗。"

这些商界悍将，在经历重启人生奋斗之后，无论如何选择自己的处事方式与事业路径，都是听从了内心声音。

经历人生诸多的荣华和幻灭，他们终于了解了自己。

第二章

升级的暗战

角力——经济学家的江湖恩怨

他们或身居国家经济决策中枢，或就任国家官方经济智囊部门，或身处巅峰学术机构，他们的学术主张经常被纳入国策或法律章程。相对于书斋型经济学家，这些掌握着压倒性的学术话语权而得大名者，无疑是所处时代的主流经济学家。这些学术掌权人或学术明星，性格鲜明，事功非凡，他们之间除了正常的观点交锋外，还暗隐学术派别之战、学术评价机制之争。学术是非，可以由时间来检验；而名利是非，恐怕终生无解。

事件　一个奖项引发的豪门故事

作为中国最顶级的经济学家，躬逢思想解放的20世纪80年代，在历史机遇与个人奋斗的合力下，他们成为朝野器重的改革英雄。学术权力与现实影响力，让他们成为时代的明星。

家庭联产承包、国有企业股份制改造、价格双轨制、整体改革，这些牵动整个中国20世纪80年代时代神经的词汇，其背后都立着一个个赤心热血的经济学家。中国没有哪个时代，经济学家被如此器重，他们以其卓越的学术勇气与学术良知，影响决策，改写历史，赢得国民尊重，成为时代耀眼的英雄与明星。2008年开创的中国经济理论创新奖，总结经济历史，并将幕后的经济学家推至前台，推动学术民主，以期催发中国经济学的繁荣。

大争鸣，"中青年"啸聚莫干山

2011年11月26日下午，北京大学经济学院泰康人寿报告厅群贤毕至。13点20分，北京大学校长助理张维迎稳步而至，招牌式的华发一如往昔挺拔。甫一入门，起身祝贺与寒暄的学者络绎不绝；半小时后，燕京华侨大学校长华生悄然前来。原定13点30分启幕的会议已经开始。华生想从侧门绕进，不巧，他的座牌靠近正门。而侧门第一排，张维迎默然端坐，不时低头写上几笔。华生退步——也许正门落座才不会太引人注目。20分钟后，笔者求证组委会，确知当天另一主角田源因故不会到场。这是中国经济学家年度论坛暨中国经济理论创新奖（2011）颁奖典礼现场。经202位经济学家、著名大学经济院校和国内研究机构负责人、主要经济和学术媒体负责人以记名投票方式评选，以华生研究组、田源、张维迎为主要贡献人的"价格双轨理论"高票当选第四届中国经济理论创新奖。

纷争一时的关于谁是"价格双轨理论"第一发明人的喧嚣，以华生研究组、张维迎的到场，田源的缺席暂划一个句号。

正是莫干山会议促成了中青年经济学家的全面崛起，他们开始深度参与中国的改革。这是已被载入史册的辉煌时刻！

1984年4月，25岁的西北大学研究生张维迎以《以价格改革为中心带动整个经济体制的改革》一文惊险过关，成为莫干山会议的150人成员之一。这是一群忧心于城市改革的青年经济学者，他们被"不讲关系、不讲学历、不讲职称、不讲职业、不讲名气，凭论文水平确认代表资格"的"铁

华生不是坐而论道的经济学家。

血原则"吸引，啸聚浙江莫干山。会议的策划者之一、时任国务院技术经济中心助理研究员黄江南回忆："一位民族学院的女士，在山下哭了好长时间，非要上来。阻挡她的人说，你又不是发起单位的，又没有论文被选上，凭什么让你上。结果她说：'我也是搞改革的啊！'挨不过她的执拗，就说让她上来待一天就离开。第二天就要她走。"

会务颇具创新，上山不许带论文，第一天不开会，先聊天交友；会议分成七组，每组有主持人，有中心发言和会员讨论，会员到哪个组听都可以。与会者热烈讨论，时而火药味十足。从白天到黑夜，人人精神亢奋。会议结束时，居然大半人累得生病。经过几番激辩，双轨制成为莫干山会议价格组的主流观点。会议最终形成一个总报告和一份专题报告《价格改革的两种思路》以及由华生执笔的会议纪要——《用自觉的双轨制平稳地实现价格改革》。

莫干山会议效应像发射波，一波一波向外扩展。很多青年学者因此声名远播。会后，很多与会者迈入政府体改部门，比如田源成为国家经济体制改革委员会委员。吸纳青年学者的意见，鼓励年轻人创新，一时成为各地政府的开明之举。河南省政府曾组织河南省经济咨询团，由省长刘杰任团长，于1985年4月邀请莫干山会议中的一些骨干人员作为政府的咨询顾问。近百位青年经济学家群情振奋，欣然受聘，开了省一级领导和青年经济学家直接沟通对话、直接形成地区发展战略的先河。莫干山会议之后，"中青年"成了被社会广泛承认的改革时代新名词。

事隔多年，在谁首先提出价格双轨制问题上，张维迎、罗小朋等人卷入争论风暴，不过罗小朋亦承认同一讨论组的华生对价格双轨制的贡献在于他的口才，"他把这个思路变成会议的主流思路，并且对于说服决策者起了其他人不可替代的作用"。从这个角度来讲，"在当时的青年一代中，他的功劳确实是最大的，他应该是'双轨制'当之无愧的代表人物。"

大勇气，三个老人的故事

如果说第四届中国经济理论创新奖见证了20世纪80年代中青年的风发意气，那么2008年第一届中国经济理论创新奖则颂扬了历经劫难的老一辈经济学家的勇气与学术良知。

"每天上午八点半，杜润生都要到位于北京砖塔胡同的办公室上班。在这个陈旧昏暗朝北的房间里，扭开一个20世纪80年代样式的台灯，他要静静坐上那么一会儿。"没有人知道他在想些什么。这是2007年媒体笔下94岁老人杜润生的生活片段。一年后，95岁高龄的杜润生作为"农村家庭联产承包责任制理论"的主要贡献人，首获中国经济理论创新奖。

1980年秋，在中央长期规划会议上，时任中央农村政策研究室主任的杜润生提出先在贫困地区试行包产到户。这个建言得到时任副总理姚依林的支持，随后邓小平同志发话表示赞同。1981年，杜润生在国务院会议上再次放言：集体经济已难以维持，其最大的弊端就是把人捆死；社会主义的目标是实现共同富裕，不是共同贫困。这一年的春夏之交，杜润生亲率调查组，坐在颠簸的吉普车里，挺进农村做田野调查。杜润生主持起草了1982年到1986年的五个重要的"一号文件"，正式肯定了农村家庭承包经营制，终结了包产到户长达30年的争论。

近百岁的杜润生已倦于回顾自己对"包产到户"的作为，他坚持说那是农民自己的发明。双耳失聪的他听不到颁奖现场雷鸣般的掌声。他喜欢待在个人世界里，安静思考。

与心系农村和农业的杜润生相比，"文革"结束后已是北京大学经济系副教授的厉以宁的职业兴趣在于城市与工业。1980年4月到5月，中央书记处研究室和国家劳动总局联合召开的劳动就业座谈会上，厉以宁提出以股份制模式，以及企业可以通过发行股票扩大经营，来解决当时城市日益窘迫的就业问题。可惜，在计划经济时代，他的提议未能得到认可。厉以宁有感而发："隋代不循秦汉律，明人不着宋人装。陈规当变终须变，留与儿孙评短长。"

偃旗息鼓不是厉以宁的性格。1986年9月，他在《人民日报》上发表《我国所有制改革的设想》一文，从理论上详细地讨论了我国改革以后的所有制体系以及股份公司的构造。1986年，《纽约时报》就以"厉股份"的称谓来报道厉以宁在中国股份制改造问题中的作为。不过，相比"厉股份"，厉以宁不排斥有人喊他"厉非均衡"。因为在他看来，股份制是一种具体的方法，"最集中代表我观点的书就是那本《非均衡的中国经济》"。因对所有制改革起到了重要的推动作用，作为"国有企业股份制改革理论"的主要贡献人，厉以宁获得第二届中国经济理论创新奖。

在2011年11月26日中国经济理论创新奖现场，厉以宁稳居第一排中间位置，华生、张维迎分居其左右。他当天发表了关于缩小城乡制度差距的演讲。

1985年前，中央经济改革基本上是局部的、零敲碎打的和自发式的。1985年前后，以吴敬琏为代表的部分经济学家对是否应该继续沿着"放权让利"方向前进持怀疑态度，提出救治之策在于推进配套改革。他们主张政府进行"价税财"联动的改革，并参加了1986年国务院领导提出的"价、税、财配套改革"的方案设计工作，成为与"企业改革主线论"主张不同的"整体改革论"的主要代表。这种改革理论自成一体，并对中国经济改革的实践产生了较大影响。2010年，第三届中国经济理论创新奖颁给"整体改革理论"主要贡献人吴敬琏、周小川等人。

被誉为中国经济学界"良心"的吴敬琏先生，年逾八旬依旧为中国改革而"常怀千岁忧"。从"吴市场"到"吴法治"，他总是点中中国经济的痛处。

大智慧，四代经济学人

2011年11月23日14点，发展经济学之父张培刚走完了他99岁的人生。他是在1949年前已经功成名就的那一代人中最后离世的经济学大师。生前，张培刚担任中国经济理论创新奖组委会主席。

用毛振华的话讲，1949年到改革开放前的三十多年时间，中国的经济学存在一个断层，而像张培刚这样的哈佛博士，基本中断了最黄金的学术生涯。庆幸的是他们以余热培养出了自己的学生。

经济学家赵晓在一篇名为《他们为中国播撒市场经济火种》的文章中写道：中国经济学家分为四代，第一代包括卓炯、顾准、孙冶方和薛暮桥；第二代有吴敬琏、马洪、刘国光和厉以宁；第三代有樊纲、周其仁、林毅夫、张维迎等人，而他自己这一批20世纪末开始活跃的经济学者属于第四代。

遗憾的是，新中国成立前留学的经济学教授，没有成为第一代经济学人的中坚。譬如新中国成立初期的"海归"杨敬年教授，是中国最优秀的发展经济学家之一；譬如伦敦经济学院博士钱荣坤教授，是中国一度最优秀的金融学家。

当然，根据其学术活跃时间和自身年龄，第一代经济学家还应包括于光远、杜润生等；第二代应有董辅礽、成思危等；第三代应有华生、田源、何家成、邹恒甫等；第四代则更多，譬如谢国忠、李稻葵等。

赵晓说，第一代称得上凤毛麟角，大多已经退出历史舞台；第二代现在寥若晨星；第三代群星灿烂，如日中天；第四代则是批量生产，正在崛起。这四代经济学家一脉相承的是对于市场经济如何发展的研究，都是在完成经济学的启蒙工作。

董门显赫，力撑最豪华经济学奖

在第四届中国经济理论创新奖颁奖现场的嘉宾签到台上，笔者看到，"董门"的台签赫然独列。鱼贯而入的各路经济学界人士一到门口，先是并肩寒暄，到签到台时则各找签名簿。这委实是已故经济学家董辅礽的门生盛事。

中国经济学理论创新奖发源于董辅礽经济科学发展基金会，"是董辅礽基金会联合北大、人大、武大、上海交大和清华的经济学院而发起的一项旨在鼓励、褒扬经济学创新的奖项。"毛振华是董辅礽的博士生，也是董辅礽经济发展科学基金会的理事长。他创办的中国诚信信用管理有限公司全程赞助中国经济理论创新奖；而董辅礽的另一个博士生，任泰康人寿董事长的陈东升为本届创新奖提供了总额100万元的奖金，而提供评奖经费的武汉当代科技产业集团负责人，亦是董辅礽的门生。

董辅礽师承发展经济学之父张培刚。早在20世纪50年代和60年代，他便提出了关于再生产数量关系的数字模型，被誉为"中国经济成长论的代表"。他最早提出并一直坚持所有制改革是中国经济改革的关键。1984年董辅礽获得了当时经济学最高奖——首届孙冶方经济学奖。

2004年7月30日董辅礽病逝。8月12日，经济学界召开董辅礽追思会。"会上，有经济学家提出设立董辅礽基金会，董门弟子积极响应。讨论最后，确立基金会的发展方向是弘扬、鼓励经济学家的创新精神。"回忆起基金会创办情况，毛振华依然不减对恩师的感念之情。"2005年基金会终于注册成功。之所以没有用经济学家的名字命名这个奖项，是因为我们不是弘扬董先生的经济思想。"

董辅礽从1985年后开始在北京大学、武汉大学开设博士点。据董辅礽的学生、中国银行业协会常务副会长杨再平介绍，董辅礽生前带出的博士生有五十多个，目前担任司局级领导的约有二十多个，省部级的也有几个，还有许多在经商。董辅礽的第一个博士生是1985年进入中国社会科学院经济研究所工作的华生。同获第四届经济理论创新奖的田源亦是董辅礽的博士生。

董辅礽面相严峻，但内心柔软，极为爱护学生。生前对于学生提出的要求，几乎有求必应。在一个名为"怀念董辅礽"的网页上，二十多名弟子书写悼念文章，情真意切，感人肺腑。

在第二代经济学家中，还没有能在经济学"普道"上超越董辅礽的。他的众多门生每年以中国经济学年会暨中国经济理论创新奖的名义相聚，把手叙情，颔首论道。

基本上，这些经济学家的学术荣耀系于改革开放，尤其是20世纪八九十年代。这是理论总结实践、理论被纳入国家决策的非常时期。

前三代经济学家，其学术生命与改革开放的进程紧密相连，问题意识始终推动着他们的学术思考。他们因关注时代大命题而为决策者所注意，在体制内爆发出巨大的能量，进而影响社会，推动时代的发展。那是机遇丛生的20世纪80年代，生而有幸的20世纪80年代。毛振华讲，这样的时代际遇基本不会再次出现。"衡量他们的成就，不是计算他们在国际一流学术刊物上发表多少篇论文，毕竟中国经济学本身要植根于中国的改革开放的实践。"

2004年8月12日，在董辅礽追思会上，赵晓如此感叹："每一代经济学家都有他们的问题意识，有他们时代的使命，他们为这个使命付出一切，我们都要为此感到庆幸。"前三代经济学家们以巨大的学术勇气与大无畏的探索精神，无愧于时代的召唤。而在日益浮躁的当下，新锐的经济学家们该承担什么使命？

纵深　经济学界潜流激荡

第一代与第二代经济学家，因关注改革热点问题，身处体制内，影响决策，往往被大众定格为"庙堂经济学家"。那些经常在媒体发声的，则被学院派经济学家讥讽为"媒体经济学家"；无视学术辈分与争鸣规则，四处挑战，常惹江湖硝烟的，则被媒体冠以"明星经济学家"。这三类经济学人并非界限分明，彼此有交集。他们的学术论证，在日益市场化的20世纪90年代，渗透着门派之见、名利之争、学术话语权之抢夺。

经济学从来是仁者见仁、智者见智的事情。观点纷争，应是学术争鸣的应有之义。这些论争，如果卷入非学术因素，加上旁观者的误读甚至搅和，正常的学术争鸣亦会变色，蜕变为名利场的角斗。

门户之见与学术争鸣

第一代经济学人时逢百废俱兴，个人的学术发展与单位的地位挂钩，服从组织，服务大局，这些基本抑制了经济学家内争的可能。真有价值的经济学家，都有属于自己的一片学术开阔地，即使争论，多是改革的声音与保守的声音之间的交锋。私人名利与恩怨，在其间基本不太突出。

第二代经济学家因学术的争论而导致彼此感情的疏离。大经济学家成为改革的英雄，他们亦成为日益发达的媒体宠儿。大众舆论的加入使得这种学术辩论容易走火伤人。

吴敬琏与厉以宁的学术纷争是经济学界人尽皆知的事情。两人在学术观点上的分歧最早发生于20世纪80年代中后期，当时厉以宁认为企业改制势在必行，吴敬琏则认为应优先考虑价格改革。2001年2月，由于对股票市场的状况和发展看法不同，两人的矛盾白热化，引发了一场为国人所瞩目的争论。自此，两人争论不断，甚至鲜少同时出现在同一场合。

尽管事后吴敬琏表示，为了维护思想自由、学术独立，大家都有责任维护一种不同意见争论的氛围。厉以宁亦公开表示："我和吴敬琏有过几次争论，其实我们俩关系挺好的。我们是高中同学，我们俩在改革大方向上始终是一致的。"但至为惋惜的是，这种观点对立的学术论争，还是被外界解读为两人不和的原因。

孙冶方是我国老资格的经济学人，他执掌中国科学院经济研究所时，先后将吴敬琏、董辅礽招至麾下。"先生生前说他与这位经济学家从无宿怨，改革前的困难年代相互还帮过一点小忙。"董辅礽的得意弟子华生在回忆恩师的文章中，称他与师傅的共同"论敌"——吴敬琏——为"这位经济学家"。华生曾因双轨制度增量渐进改革论与吴敬琏为代表的综合配套改革派唇枪舌剑一番。

在华生看来，恩师最为看重的中国证券市场，在2000年年底、2001年年初遭遇了吴敬琏的痛击。董辅礽的"婴儿论"与吴敬琏的"赌场论"针锋相对。华生在回忆恩师的文章中认为这次争论"第一次把道德、良心、利益映射和大众情绪带进独立的学术研讨和争论，从而使得独立的学术研究和讨论没办法正常进行下去"。董辅礽与吴敬琏的学术分歧，因参与者的情感因素、旁观者的误读，最终伤害了论争双方的私人关系。

董辅礽与厉以宁、萧灼基向来交好。他们经常结伴出门调研，厉以宁、萧灼基亦是董辅礽的弟子博士论文答辩委员会的常客。董辅礽去世后，两人均写文悼念，厉以宁还是董辅礽追思会积极的召集人。

在第三代经济学家中，关于价格双轨制理论的第一发明者出现了多个版本，当年莫干山会议的参与者华生、张维迎、罗小朋均卷入纷争。在2011年11月26日的颁奖致辞中，华生反复强调这是一个"集体智慧的结晶"，"这些想法完全是在会议上通宵达旦碰撞出来的。"张维迎则如此追述："大概在莫干山会议之前的4个多月，在莫干山会议之前，我有了（价格双轨制）第二稿，第二稿发表在《内蒙古经济研究》1984年第四期，那是公开的刊物。"

其实，排除学术上的纷争，张维迎和华生在师承上还有源渊。张维迎在西北大学的硕士导师何炼成是武汉大学张培刚的高足，而华生的恩师董辅礽亦是张培刚的门生。张培刚在武汉大学先后培养出董辅礽、曾启贤、何炼成等。董辅礽门生成名者众，而曾启贤又培养出邹恒甫、杨再平等一流学者；何炼成领导下的偏居一隅的西北大学经济管理学院居然为中国经济学贡献了数位重量级人物，包括张曙光、邹东涛、魏杰等人，享有"青年经济学家的摇篮"美誉。而当时经济学界许多重量级人物都与武汉大学有着或显或隐的关系，一时圈内有"武大学派"之称。

学术评价体系之异见

经历了大破大立、英雄辈出的20世纪80年代，经济学家的论争基本被纳入更学术的轨道，他们开始走下"神殿"，被动或主动地还原为更纯粹的知识分子。尽管这一历程伴随着时代阵痛，但昔日的"英雄"随时有被枪挑下马的"惊吓"。关于经济学人的评价体系，遭遇前所未有的险情。

在武汉大学教授邹恒甫眼里，这些20世纪80年代成名的中国经济学大家，"有些人根本没有任何学术成就"，他把中国一批著名的经济学家编成"三纲五常""林海张杨"，多次在公开场合毫不客气地点评他们。在他的学术评价体系里，国际一流学术期刊才是展示实力的舞台。

2005年11月，香港科技大学教授丁学良在北京某媒体上发表"中国合格经济学家不超过五个"的观点后，引起媒体强烈关注。面对批评，经济学家集体沉默。

论及经济学家之间的直言批评，《经济学消息报》创办人高小勇提及这样一件事。20世纪90年代中期，曾与吴敬琏在一个市场化改革方案设计组的才子刘吉瑞，从英国普茨茅斯给高小勇传真来一篇稿子。刘吉瑞在文章中感慨"在中国当个经济学家，比当木匠容易"。当时高小勇很喜欢这篇文章，打电话给樊纲。樊纲的回答却是：谨慎些，中国经济学进步需要一个过程。

第一代与第二代经济学家，因关注改革热点问题，身处体制内，影响决策，往往被大众定格为"庙堂"经济学家。而新成长起来的第四代经济学家们，往往以学术的深度、在一流国际期刊上的论文数量来与第二代、第三代经济学家论衡。这些很早吮吸西方经济学理论的后来者往往"不服"或"轻视"前辈经济学家。

这种对于经济学家的重估浪潮，开始挑战一个传统定论：经济学家的价值在于现实的参与度、学说的"经世致用"性。但无论如何，在新的评价体系面前，有的经济学家开始了默默自省，更多地关注自我的学术创新。

为"道德"与"良心"交锋

20世纪90年代，是市场经济起步与高速发展的时代，公平与效率成为经济学家争论的焦点。"国退民进"、产权改革等论战中，道德与良心、公正与良知，成为批评者娴熟使用的词汇。这一阶段，郎咸平持续处于旋涡之中，这个"郎旋风"，先后与中国经济学界大腕吴敬琏、张维迎、周其仁交过手。

如果说这些顶级经济学家之间的裂隙，大致诱因是学术观点的差异与名利的纷争，那么在媒体发达时代，大众对顶级经济学家的围观与批判，则发酵了经济学界最为复杂的"唾沫狂欢"。一时间，知识界亦一再呼吁追求学术独立与营造健康的学术氛围。清华大学经济管理学院金融系主任李稻葵一度生气地说，经济学界不算健康的争论风气让他开始怀念多年前关于改革细节的争辩，和"不争论""多实践"的日子。

樊纲的宽厚和理性让高小勇印象颇深。"说樊纲理性、懂科学，是因为他是最早提出把事实研究和价值研究分开的经济学家。"樊纲早在20世纪90年代就曾在《经济学消息报》的一篇文章里，提出了直到如今都争议不休的观点：经济学和道德无关。高小勇认为这一观点有助于在一个有着感情用事传统的国度里充分理解经济学的科学实质。

在财经作家苏小和看来，当代中国经济学家中，唯有周其仁挨骂最少。"当张维迎还有吴敬琏被各路人马破口大骂之时，周其仁却在各种场合赢得一阵阵热烈的掌声"。当周其仁接替林毅夫的中国经济研究中心掌门人之位时，人们认为，"周将会为这所高级别的经济研究机构带去真正独立的学术之风"。

"周其仁之所以能不陷入大众的谩骂声中，是因为一方面他的文章专业、学问严谨，将自己的言论场域仅仅锁定在学院经济学之内，一般不围绕大众关心的经济热点问题作惊人之语；另一方面，听过周先生演讲的人都感受到了他的控制力，他的演讲从不大声呼喊，句子在某种有意克制的节奏和氛围中娓娓说出，目光凝聚，表情生动，在有形无形之间感染受众。"这涉及书斋学术与庙堂学术的问题，同时又牵扯到个人的做学术的姿态、传播学问的方式。

媒体的发达，让经济学家群体明显分野。一类更加专业性，走向书斋，看重与国际学术界对话。这类经济学家强调学术独立与学术的国际性，譬如邹恒甫，他们基本财务独立，不迷恋各种论坛与商界活动，沉潜于学术教育与研究。一类是明星式学者，他们善于针对社会热点问题，接受媒体访问；频繁穿梭于各种活动，曝光率奇高，亦被评价为"媒体经济学家"，譬如郎咸平。最为大众诟病的则是任职于各类商业机构的经济学家，他们常被讥讽为利益集团的代言人。

庙堂之争与学术独立

至于学术独立，在毛振华看来，身处"庙堂"，如果违背自己的理论良知，追风、骑墙，肯定不会有杰出成就。四届中国经济理论创新奖项的颁布，正是证明了三代经济学家关注现实、坚持真理的学术勇气和人格操守。

中国最顶级的经济学家，董辅礽、吴敬琏、厉以宁、张维迎、华生、邹恒甫等，或因学术，或因人事改革，或因个人性情、修养，沉入人际关系泥沼。学术是非，可以由时间来检验，而名利是非，恐怕终生无解。

厉以宁不排斥有人喊他"厉非均衡"。

"老一辈经济学家，人和人之间很熟，一起共事过，各有各的观点，个人之间，经过那么长的社会矛盾，有各种交集，也有分歧，但最终都参与进来，也不容易。"毛振华说，开始吴敬琏和刘国光老师对他们的邀请基本保持沉默，"现在他们都是中国经济理论创新奖评委会的名誉主席，这也反映出他们学术大家的胸怀"。

在毛振华等董门弟子看来，董辅礽经济学发展基金会联合高校学术机构，创设中国经济理论创新奖，"就是要弘扬学术民主，不论你对谁的学术观点有意见，对不起，你只有一票；你对谁有成见，在两百多票中，永远只是少数。经济学这么大的学科，观点纷争是正常的，落实到评奖上，关键是要公平公正"。

访问 毛振华：公开公正，不搞圈子

> 令毛振华欣慰的是，组委会的行动释放了最大的诚意和善意，做到评奖公开公正，不是搞学术门户。

从乡村走出来的毛振华，1979年15岁时就成为武汉大学经济系最小的学生；24岁时已成为海南省最年轻的处级干部，28岁创立中国诚信证券评估有限公司，并把中诚信做成了中国最大的信用评级公司。

毛振华的办公室里摆放着一张合影，里面有四个人，冯仑（万通集团董事长）、陈东升（嘉德拍卖公司创始人、泰康人寿董事长兼CEO）、田源（创办了中国第一家期货公司）和毛振华自己；而在他的会客室里，一幅董辅礽的照片悬挂在非常醒目的位置上，董辅礽是毛振华、陈东升、田源共同的老师。而牵头创办中国经济理论创新奖，在毛振华的朋友看来，是毛振华转身学术、回归学者身份的标志性事件。

笔者：既然是在追思怀念董辅礽的大会倡议的奖项，为什么没有以董辅礽的名字命名"中国经济理论创新奖"？

毛振华：这个奖项，确实是董辅礽经济科学发展基金会发起的，但同时我们联合了北大、人大、武大、上海交大等学术结构，动员了全国的经济学家，要对一个时代的一批经济学家颁发"中国经济理论"的创新奖。如果以一个经济学家的名字命名奖项，容易出问题，譬如代表性不够广泛。董辅礽是中国经济学大家，学术成就独树一帜，他有自己的学术观点和学术轨迹。每个经济学家都有自己学术上的特点，大家并非一致。再说基金会也不是弘扬董辅礽个人学术思想的，基金会是个公益事业，要推动整个中国经济学的繁荣。

笔者：赞助这个奖项的基本上是董辅礽的学生，你的师兄弟，你不怕别人有意见？

毛振华：组委会成员有很多经济学大家，二百多经济学界人士参与投票，参加赞助的只是服务组委会。即使组委会，包括我，也只有一票的权利。这是一个公平公开的公益平台，评上谁就是谁，相信中国经济学家的共识。

笔者：这个奖项2008年颁发了第一届，刚开始，学界支持吗？经过四届评选，有什么变化？

毛振华：一开始就得到很多老师的支持与鼓励，如厉以宁、江平、萧灼基他们。一些和董辅礽有不同学术观点的经济学家，还在观察。观察我们这个奖，是不是真正做到公开公正，是不是真正的"中国经济理论"的创新奖，会不会是某个小圈子搞的评奖。我们的行动释放了最大的诚意和善意，做到评奖公平公正，不是搞学术门户，给出了积极的正面答案，确实在推动学术发展，赢得了广泛的信任和支持。越来越多的经济学家后来都参与进来了。现在于光远、厉以宁、刘国光、吴敬琏老师都是我们评委会的名誉主席。中国经济理论创新奖基本成了年度经济学界的盛事。

笔者：怎么保障投票的民主与公平？

毛振华：中国经济理论创新奖评选采取专家推荐、广泛参与、公开评选的方式进行。第一阶段是候选理论的征集与候选理论的网上公示，可以是他荐，也可以是自荐。第二阶段由二百多位专家投票，选出三项重要经济理论。第三阶段，投票计票。公开计票，现场有公证员监督。每个投票人都只有一票，包括我。投票人可以备查。

笔者：四届评选，投票结果有争议吗？

毛振华：有啊。有的奖颁出来了，大家还争议：这是个学问吗？这不是外国经济学的翻版嘛！这不是一个经济政策嘛！譬如农村联产承包责任制，看似政策，但那肯定是有理论基础的。对我们来说，经济学从来是有争议的。还有一个很有名的经济学家，他只投一个人，第一轮他要投的人被拿下，第二轮他继续投这个人。

笔者：评审专家的学术成果也可以参与评奖？

毛振华：可以，例如获得第二届创新奖的是厉以宁老师的国有企业股份制改革理论，厉老师可以参加第一轮投票；但他的理论进入第二轮评选，当事人就要回避，没有投票权。

笔者：为什么想要做这个奖项？

毛振华：中国经济学家为中国的改革和发展做出了贡献，这是他们应该得到的，我们必须要进行弘扬。不过有些评奖只是圈子里的行为，评奖专家搞莫名其妙的审查；我们就想搞一个更有公信力的奖项，推动经济学界的交流与繁荣，推动学术民主。

我们的奖项是颁给十年前的经济理论创新者。从我们得到的推荐和成果来看，也反映出了得到奖励的一定是对中国的经济发展和中国改革推动起到了实际的推进作用的人，这项工作很有挑战性，我感到自豪与骄傲！

笔者：你最大的愿望是什么？

毛振华：做一个好老师，培养出对中国比较了解，有很好的理论功底，对国家和社会有影响、有抱负的综合型人才。

智囊——谏言中国的知识精英

在有着悠久智囊传统的中国，食客、幕僚、翰林，春秋以降，一路繁盛。在转型期中国，官方与民间的智囊以形色各异的个体表现，彰显着迥异的学术品格。体制的进一步完善可促进营造可供辩论的公共意见市场，中国智库市场上的专业性也将逐渐增强。

事件　柔者至刚——被重奖的软科学研究者

"水烧开了，不怕没人喝。" 20世纪90年代初，国家科委主任宋健对于软科学的价值，做如许评价。在他看来，软科学工作者无疑是烧水人，而决策者正是喝水人。所谓"软科学不硬，社会也不能硬"。这些软科学研究者，以其前瞻性的研究，无疑担负起政府智囊的作用。为公共政策的研究和谐社会的建设奉献力量，这是软科学研究的当下功能。打造一个具有权威性、公正性和标杆性的奖励平台，是发展中国软科学的重要条件。

"我是吃素的，每次也都拿素奖，但是这次得了一个荤奖。" 著名民间环保人士廖晓义向笔者回忆自己获得第二届中国软科学奖时的感触。最后她决定将5万元奖金全部注入她深为敬佩的以北京大学教授梁漱溟命名的基金奖，"我要让它在最荣耀的地方产生最大的价值"。

廖晓义以《以乐和家园理念建设低碳乡村》一文获奖。这是她多年在四川进行乐和家园实践的理论小结。与廖晓义一起获奖的有中共中央编译局副局长俞可平和北京师范大学教授李晓西，他们分别以《思想解放与政治进步》及《2010中国绿色发展指数年度报告：省际比较》赢取大奖。

作为颁奖的东家之一，招商银行行长马蔚华在接受媒体采访时自嘲因为能挣钱，"先被点将，后经选举"，当上了中国软科学发展基金会的理事长。之所以干得兴致盎然，在他看来，中国业已进入经济转型、社会转轨之重大历史阶段，需要有更多的软科学的成果来支持决策的科学化和民主化，"绝不能忽视软科学的发展，软科学不硬，这个社会也不能硬"。

"人权没有最好，只有更好"

作为新一代的学者型官员，俞可平2006年借助《民主是个好东西》闯入了公众的视野，一时声名鹊起。

俞可平甫把20万元奖金捐给绍兴的母校。"那是我当时从生产队队长考上的第一个大学。学校设立了一个明华人才奖，就是培养明天中华之优秀人才。绍兴在中国历史上出现过许多伟大的人物。北京大学最有名的两任校长也是绍兴人。如果明华人才奖能够培养出像蔡元培那样伟大的教育家，不仅我要感谢颁奖单位——深圳综研软科学发展基金会，恐怕全国人民都要感谢它。"

在国务院发展研究室宏观经济司司长一职上躬耕多年，李晓西解甲归田，重返校园，执教北京师范大学。他是我国第一位价格学博士，亦是我国最早提出市场化改革思路的学者之一。从司长转型教授，李晓西的解释是，"更喜欢学校的氛围和工作方式，自己可以边做课题边听歌，最重要的是可以自由自在地写写诗歌了。" "我原来是钻研价格学的，现在做绿色经济了，转换是有点大，但很保险，我的专业不行，我现在属于万金油。什么叫万金油？社会需要我就干。"

廖晓义从风华正茂的女大学生时起，就自觉投身祖国环保事业，容颜渐变而心态更青春。不少人记得2008年廖晓义在"克林顿基金会全球公民奖"颁奖典礼上的即席演讲——晓畅动听的英语口语、典雅得体的东方仪态、天人合一的环保理念："我现在快60岁了，我希望生命是一个渐入佳境的过程，而不是一个衰老的继续，可以心态越来越好，可以身体越来越好，可以人越来越智慧。"

始终谦和的廖晓义与李晓西都毕业于成都市实验小学，而他俩与俞可平又拜在同一个马克思主义哲学史导师门下。1979—1980年廖晓义在北京大学进修，那时她才知道北京大学曾经有一个专注乡村建设的梁漱溟教授，"虽未曾谋面，但我是他的粉丝。要做他的粉丝，就是要做他要做的事，像他那样做人。"感性的话语弥散出的坚韧，令笔者动容。

"无法通过实验室的办法加以证伪"

著名经济学家樊纲是"中国软科学优秀成果奖"评选委员会召集人。

关于软科学的定义，樊纲已记不清他重复过多少次了。据他考证，最早提出软科学的人是英国科学家罗素。他在《科学的科学》一书中将软科学与硬科学区隔开来。"各种科学包括物理、数学、化学等学科都有一个共同的特点，就是'可以证伪'，证伪包括试验程序。就是说，通过控制各种因素，然后对某一个命题进行证实，这样的科学叫硬科学；除此之外，凡是不能对逻辑命题进行证伪的学科，就叫软科学。"

他举例说，经济学在一定意义上也是软科学。"经济学家有一句话说，非洲的蝴蝶扇了扇翅膀，欧洲的股市就要折腾折腾。说明太多因素都没法控制，很多结论可以通过物理事实看出来，但又确实无法通过实验室的办法加以证伪，这种就是软科学。""在这个意义上，软科学比自然科学更难。他们收集数据，我们也收集，但是他们可以做实验，我们不能做。"樊纲确信，"中国的软实力确实取决于软科学的发展。"

中国软科学奖的评奖程序相对简单，但力求公正。樊纲说："评审委员会，七个人，坦率说我们做不到像诺贝尔奖那么保密。"

马蔚华介绍，中国软科学奖评奖范围为"评奖年度前三年的软科学研究成果"，包括经济、社会、法律、管理、环保等领域公开出版、发表的研究成果（含专著、论文、研究报告和调查报告）。而评委们评判的最重要标准是这项研究是否经过扎实的调研并对政府决策起到一定影响。

"不是拍脑袋，而是踏实的科学研究"

言及软科学进入中国的时间，中国软科学研究会前常务副理事长孔德涌在接受笔者采访时说，软科学概念开始被重视是在改革开放以后。1985年1月他就任国家科委政策局总工程师时，就明确分管软科学事务。"时任国家科委主任的宋健，不但支持软科学发展，而且他本人就是一个优秀的软科学工作者。"

1986年7月31日，在首届全国软科学研究工作座谈会上，"国务院副总理万里到会讲话的标题就是《决策科学化、民主化》。"在孔德涌的记忆中，"20世纪80年代国家很多重大问题的解决，都有赖于软科学工作者的智力支持。"一时软科学成为一门显学。

时至今日，软科学随着国家、社会对智库发展的高涨呼声而再度被学界和商界器重。关于中国软科学发展基金会的成立，马蔚华回忆道，几年前，原全国政协副主席陈景华倡议，由中石化、招商银行等九家单位出资成立公益性的基金会，"专门用于资助、奖励软科学各个学科的研究"。

它的宗旨是支持和推动软科学的建设和发展。"基金会有三个任务：第一，资助中国软科学奖。2011月2月，颁发了第一届中国软科学奖。第二，资助中国智库论坛。第三，资助公共政策研究。"

樊纲认为，浮躁的商业时代，"要鼓励真正深入踏实的高水平研究，而不是道听途说的、人云亦云的做法。"经济高速增长的中国机会丛生，樊纲也希望能够找到一些真正比较扎实的软科学研究项目。"进入研究领域，一开始是很苦的，特别是像我们研究经济学的，别人进了银行，一下子工资就那么高了。而他要做研究，开始还没名气，资源也不是很充裕。怎么使他能够继续走下去、深入下去？通过诸如中国软科学奖这样的奖项，第一，帮助他们建立一些社会声誉；第二，经济上使他们得到一些帮助。我们希望评奖时让大家眼睛发亮的是这些年轻人的心血。这对中国整个软科学和社会科学的发展都具有重要意义。"

一次在北京大学的报告会上，当马蔚华听到有学子呼吁软科学发展基金会更多地关注青年学人时，当场大声承诺："基金会大门敞开，如果你们的研究成果和这几位教授水平相当，宁可先录取你们。"

如果没有一种为"天下"谋事、为百姓谋利的气度，如果没有超越个人或集团利益的胸襟，对于新的思想观念就会患得患失，畏缩不前。

纵深　进退困局——智囊们的生存游戏

不管是"好为'国师'"的批判，还是"新见迭出、前景看好"的礼赞，中国一些软科学研究机构在20世纪90年代渐被更潮更直白的名词"智库"替代，周旋于权力与商业之间的中国智库学者，一直非议不断。

从20世纪80年代始，作为一种服务于决策的学科，软科学的特点与价值逐渐被社会科学领域的学者接受，"献策"政府或给决策者做可行性报告，已是这些智囊的规定动作。中国最早的智库就从这些体制内的社科院、政策研究室脱胎而出。

从"只生一个好"到"五天工作制"

20世纪80年代是软科学发展的辉煌时期。日益复杂的社会问题亟待解决，科学大家钱学森以创建"从定性到定量分析的综合集成方法"的直接推动，尤其是国家顶层设计者的重视，让软科学研究在体制内得到普遍认同。

2012年76岁的孔德涌亲历了软科学在体制内的几次重大影响。参加过我国第一颗人造卫星总体设计的他，以系统科学和系统工程专家的身份从中国科学院调入国家科委政策局时，就已知道宋健与其助手于景元20世纪70年代末在航天部工作时就开辟了人口定量研究的新方向。经过研究，他们最终发现一个非常关键的参量——妇女总和生育率，即一个妇女一辈子生育孩子的数目。他们参照当时国情，将这个数目最后确定为"1"。在国务院副总理陈慕华的推荐下，宋健曾就计划生育问题向国家领导人汇报。但有关人口政策的争论从未停息。

1980年3月的一天，中南海西楼会议室内，一场影响亿万家庭的大讨论开始了。据参加会议的人口专家田雪原回忆，会议的中心议题是：一对夫妇生一个孩子是否可行？会遇到什么问题？如何解决？有人提出：群众中流传着这样的话，叫做"老大憨，老二聪明，但是最聪明的还是老三，俗话说猴仨儿猴仨儿"！此言一出，全场骚动。休会后，支持只生一胎的专家急忙查找材料，进行论证；又接着反驳了因计划生育将导致劳动力不足的问题。"1980年3月到5月，人口座谈会接连开了5次，从中南海西楼会议室转到人民大会堂，最后形成文件回到中南海，几经周折，1982年才确立了提倡一对夫妇生育一个孩子的生育政策。"

1986年，世界数学建模大会在美国密苏里州召开，大会邀请国家科委主任宋健做人口政策的报告，宋健是大会邀请的两位发言人之一，"因为全世界都关注中国人口问题，担心世界被吃穷，吃乱了"。宋健委托孔德涌赴会。"书面报告的作者，以宋健、于景元和我联合署名。报告结束，三千多人的大会，全场热烈鼓掌。报告获得大会最高奖——艾尔伯特·爱因斯坦奖。中国计划生育的决心和政策让西方人惊叹。之后我被许多大学邀请做报告。"26年过去了，忆及往事，孔德涌难掩激动，口里不时蹦出几个英语单词。

"五天工作制"政策的制定与实施也历经颇多曲折。1984年国际劳工组织发布一个调查报告，全球114个国家都已实行"五天工作制"。"最刺激人的是，46个发展中国家，一半以上每周工作在40到44小时，我们的国家太落后了。"国家科委中国科技促进发展研究中心开始着手"五天工作制"的研究。孔德涌记得，当时课题组调查了13个城市，访问国企员工，在每周增加一天休息和每天加工资（维持六天工作制）之间选择哪个时，80%的调查对象选择了前者。"当时有人担心实施五天工作制，GDP（Gross Domestic Product，国内生产总值）会掉下来。我们研究的结论是不会，那样反而促进就业。"但报告递交上去，一直没有上达决策部门。1990年11月，孔德涌调任中心主任，"这么好的题目不能就这么搁下。"原课题小组继续研究。1992年，随着国内政治经济形势的好转，国家科委联合劳动人事部，上报"五天工作制"，最终获得批准。

孔德涌基本经历了20世纪八九十年代的中国软科学发展的大事，1996年退休，担任中国软科学研究会常务副理事长，至今还负责审定中国学术期刊《中国软科学》的稿件。

智库思想催发学者的分化与重组

软科学作为一门基于钱学森所创建的研究方法的科学，在业务部门管理者孔德涌眼里是一番风景，夹杂时代风暴。但软科学作为一种对应国情的研究策略与方法论，已被社会科学领域的学者大量运用。他们自觉不自觉地为时代把脉，做前瞻性研究。这些学者多以经济学家、政策高参的身份出现。

"中国研究界最早做前瞻性研究的学者，是顾准，他对希腊城邦的研究成为中国市场化改革的先驱。"学者吴稼祥在接受笔者采访时如此评价。20世纪八九十年代是创新与突破的时代。人文社科领域，"周扬和王若水对人道主义和异化问题的研究，为今天的民本主义和和谐社会留下了遗传基因"；国民经济领域，杜润生的家庭联产承包责任制理论，厉以宁、吴稼祥的股份制理论，张维迎、华生等人的价格双轨制理论，为市场化改革带来了新的思路。通过研讨会或书刊发表研究成果成为知识分子献策改革的重要方式。

与此同时，1983年，介绍信息革命的阿尔温·托夫勒的《第三次浪潮》中文版问世，译介西方现代思潮特别是控制论、信息论、系统论的《走向未来》丛书出版。一本译著和一套丛书将"知识就是力量"的智库思想大面积地传播到了中国知识分子群体中。

作为一种决策需求与回应民间的机制，当时中央在各部门搜集人才，开始不定期地邀请学者、专家到中南海去讨论研究，后来通过借调，逐渐将他们集聚在一起，形成各类研究部门，最终发展成为现在的中央政策研究室和国务院发展研究中心等初具现代智库意义的政策咨询机构。

20世纪80年代末，零星的学者开始走出政府大门，尝试着在社会上建立起一些非官方的民营研究机构，中国第一次有了民间的思想库。90年代，民间智库迎来一波诞生小高潮。

发展速度最快的要数大学下属的智库。随着1993年和1998年国务院和教育部分别启动创建世界一流大学的"211"工程和"985工程"，国内重点建设大学纷纷成立了政策研究和咨询机构，从海内外吸纳各学科人才，通过研究政策问题、向政府部门汇报研究成果、公开发表文章出版著作，积极推动其对国家和社会层面决策咨询发挥影响。譬如曾任世界银行副行长、首席经济学家林毅夫，1994年就离开中央农村政策研究室，到北京大学创立了中国经济研究中心，成员有张维迎、海闻等从海外归来的经济学家。

民间智库困扰于"特殊待遇"

2006年9月15日，《民主是个好东西》被上传至中国政府创新网，同年10月23日，在《北京日报》争鸣版刊发，12月27日又被《学习时报》文摘版转载，同日，人民网、新华网对其全文转载。这篇走了"正常的流程"的稿件，因为俞可平中央编译局副局长的特殊身份而引起海外媒体关注，而中央编译局这个机构开始为公众所知。

尽管俞可平对外解释它"既不是大学，也不是政府机构，介于中间"，但一个"局"字勾画出其机构特征。内部架构上，中央编译局除了设立马克思、恩格斯、列宁、斯大林著作编译部、中央文献翻译部等翻译部门之外，还有当代马克思主义研究所、世界社会主义研究所、马列主义文献信息部。据专家评价，相比中国社会科学院等机构，中央编译局作为智库，其研究方向主要集中在理论前沿，即提供"立国"和"建国"的社会和政治理论基础。

2011年10月，俞可平应邀在"全球中国峰会"上与美国前国务卿基辛格等政要名流同台演讲，《华盛顿邮报》头版同时刊登了他与基辛格博士的照片。在著名的"哈佛中国之夜"，他受邀与哈佛前校长萨默斯同时

作为新一代学者型官员，俞可平2006年借《民主是个好东西》闯入公众视野。

担任主讲嘉宾，将中国官方智库的荣耀推至国际的最高水平。

相对官方智库的资源优势和生存空间的进退自如，民间智库明显背负着生存歧视。仲大军对中国智库颇有研究，1982年从上海复旦大学毕业后，他被分配到北京新华通讯社，2000年，他"下海"创办了北京大军经济观察研究中心。在他看来，中国民间智库目前进入了发展瓶颈期。

官方智库在选题申报等方面享受着民间智库可望而不可及的地位优势。"在经济上，我们完全能够自力更生，"仲大军在接受媒体采访时说，"但在其他方面经常受到不平等的对待。"举办论坛，民间智库学者往往不在邀请的名单内，"即便是请了，也会排到体制内学者的后面"。

在智库学者郭宇宽看来，虽然民营研究机构逐渐被社会认可，但距其被政府真正重视，尚有很长距离。虽然政府对民间研究机构的活动没有干预，但在某些领域仍设有限制。

在这种"特殊待遇"下，大多数的民间智库难以被大众了解，其优秀学者更难成为热点人物。民间智库的观点、思想、建议和主张就只能敲敲边鼓，仲大军说："更多的是被有关机构拿来内部参考。"

访问　樊纲：总出馊主意，就是风险

樊纲显然不是尖锐的批评者。他认为学者之价值，在于专业水平；做政府智囊，独立性是必要前提；而采纳与否以及后果如何，那不是学者的问题；至于决策所带来的成功，也不是学者自夸的资本。

1977年，24岁的樊纲作为县文化馆的创作人员，在河北省围场县一个公社铸铁厂体验生活时，从收音机里听到"恢复高考"的消息，当晚就赶回县城与亲友商量参加考试事宜。当年他考上了河北大学经济系，自此迈入经济学门槛。"最难忘的两大经历，是土插队和洋插队，即下乡与出国。当知青时开过拖拉机，推过木头轮子的车。"在经济学大家董辅礽的力荐下，樊纲留学哈佛，做了不注册的学子，"出国则是震撼，学术上知道了经济学之大、之广、之深；去人家的超市，那是商业震撼，才真正明白我们的经济和发达国家的差距"。

这个外貌酷似央视主持人"朱军"的经济学家，回国后不爱出风头，不兼职，不演讲，沉潜于20世纪80年代的书斋，却勃发于20世纪90年代。

其时，他与当时三名青年经济学家刘伟、钟朋荣、魏杰风头日盛，"以出世的精神，做入世的事情。"如此自诩的樊纲做起政府高参，并在国内担任多种社会职务。2006年8月11日，樊纲被任命为货币政策委员会委员。作为其中唯一的央行智囊团学者（其他委员都为财经部门的副部级官员），樊纲的任命引人瞩目。在樊纲看来，经济学就是研究如何趋利避害、如何用最少的投入获得最大的收益的一门科学。在他看来，学者与权力的关系不能用一种愤青的角度去看，不要把为政府工作等同于丧失独立人格。"正是有独立人格，你才能做好政府咨询工作。政府真正需要的，也是越来越需要的，不是附和它说话的人。有独立见解，你的咨询才有意义。否则他都知道的事，你来附和还有什么意义啊？你就没有存在价值了。"

樊纲认为，做政府智囊，独立性是必要前提。

"不是去替代政府内部人做其应该做的事情"

笔者：在国外，软科学的功能与国内有差别吗？

樊纲：基本一致。第一也就是指社会科学，或者叫做"Social Science"，或者叫做"Human Science"。我们的社科院都属于这个范畴。也没有什么特殊的功能。但从综合性研究这个问题上讲，一定要应用于所谓决策研究、咨询研究，多数的智库都属于这一类。很多现实当中遇到的问题都不是单学科的问题。现在发展软科学，正是要鼓励多种学科相互的交流、相互的碰撞。

笔者：如何观察软科学的应用程度，似乎这很复杂？

樊纲：化繁为简，最简单的一个方法就是观察社会科学的发展水平，社会科学的发展程度基本代表着软科学的发展水平。这就是软科学基本的东西！

笔者：为政府决策服务，在中国语境下，学者如何让自己科研更专业一点？

樊纲：所有的国家都有智库，其他国家可能每个政党都有自己的智库。绝大多数发达国家经济学的、法学的、人文社会科学的教授们，都给政府做智库。因为科学，特别是社会科学的最终目的，是改造世界。改造世界的主体，除了市场、企业外，个人本身亦可以改造世界。政府，作为一个公共机构，而且是为这个社会负责的很多公共机构，没有知识分子的影响，没有大学教授的影响，那不可想象。

笔者：这也是知识分子干预社会的一种重要途径？

樊纲：发展软科学研究，为政府决策的民主化与科学化服务去影响决策本来是知识分子的一项职责。不说中国过去知识分子经邦济世嘛。现代知识分子，发达国家的知识分子，都有一个社会责任，就是去影响政策，所以我们不是去替代政府内部人做其应该做的事情。

"要不独立，都没人看得起你"

笔者：在中国，软科学领域做得比较出色的学者，你能举出几个吗？

樊纲：好的社会科学学者，都是好的软科学学者。中国软科学奖评出来的就是出色的软科学工作者，大家关注这个奖就是。

笔者：学者的独立与做政府智囊有没有冲突？

樊纲：不但不矛盾，而且是统一的。你要不独立，都没人看得起你。你要不独立，最终都没人请你，没人要听你的。你必须得有独立见解，才有你存在的价值。所以在这个意义上是统一的。越有独立思考的人，越有独立人格的人，越受到社会的尊重；才能够提出独到见解，才能够在各种观点的碰撞过程当中有一份价值。

笔者：做咨询与做决策，承担的风险是不一样的？

樊纲：在一定意义上做咨询工作的风险在于你历来的表现，英文叫做"Type Record"，就是你的记录如何，你老在做错误的判断，总在出馊主意，还是你经常能拿出正确的主意和正确的判断。你真正的风险是这个。说句实在话，最终的风险由最终的决策人和政府来承担，谋士只是谋一下。所以，在这个意义上，学者可以想得更海阔天空一点。但是你的意见不一定就会被决策者采纳，因为现实还有很多其他的因素在里面。在这个意义上谁也不要去声称那个决策只是你做出了贡献，没有那种事情，不懂科学的人才说那种话。

笔者：作为决策咨询从业者或进行研究的学者，需要具备什么意识或素质，才能保证服务的质量，或者说科学性？

樊纲：首先是好的研究者，有独立人格，有科学精神。这不是软科学的特殊问题，任何一个好的学者学科都是一样的。这个没有特殊问题，没有特殊的素质。

奢玩——富豪玩具竞速中国

这是急速变化的中国。财富加速聚拢，奢享加速升级。超跑、豪华游艇和私人飞机，这些钢铁玩具，以速度与奢华，诠释着剧变时代人们的审美趋势与趣味。人，尤其是富豪们，总是处于一种追求欲望满足的过程中，而这些顶尖奢侈品，以其精细质量和完美工艺很好地满足了富豪们的审美野心，亦带动整个社会不断地追求一种极致的体验。

特稿　玩享加速——洋品牌"圈地运动"

飞驰陆地，破浪大海，翱翔蓝天，超跑、游艇和私人飞机，承载着富豪们渴望自由的梦想。"搭乘它们最大的优点就是，你能够最便捷、最自信地站在第一个发球台边。"这些彰显速度与舒适的奢侈玩具，已成为中国当下富豪们事业与生活的最佳推手。

2014年5月中旬，长沙人张远鹏（化名）在休假时接到一个陌生的电话，对方劈头就问："远大集团需要直升机驾驶员，你有兴趣吗？"那人自称是一家猎头公司，因远大集团的直升机驾驶员退休，受客户委托，他要寻找籍贯为湖南的驾驶员。31岁的张远鹏是南航的驾驶员，高中毕业后考入民航学院，毕业后一路顺利地做到机长。张远鹏不知对方从哪里取得了自己的联系方式，他谢绝了对方的盛邀。电话那头又紧着追问："你认识空军退役的飞行员吗？"得到否定答复后，对方才悻悻地挂掉电话。

张远鹏侧面小心地探询同事，让他意外的是，这两年，不少同事都接过类似的电话。而驾驶通用飞机（通用飞机是指除从事定期客运、货运等公共航空运输飞机之外的其他民用航空活动的所有飞机的总称）作息时间更宽裕，工资会更高，这是令张远鹏他们比较艳羡的地方。但百万元以上的赔偿费（交付航空公司的飞行员培训费），往往令不少猎头公司望而却步。不过实力雄厚的雇主开出的条件，还是俘获了不少优秀的民航飞行员。

近十年来，越来越多的富豪开始以企业或个人的名义购置私人飞机、游艇、超跑，追求更自由的商务生活，享受更舒适的休闲时光。

易被误读的买卖

人脉资源、修养与运气，是决定奢侈品销售成败的最关键因素。你无意很内行地称赞了他办公室的一幅油画，就可能敲定了上千万元的飞机买卖。光鲜的运气背后，确实是修养。

"在欧洲，出售价值数百万英镑的圣汐游艇通常是在办公桌或会议桌上。在中国，我的大部分销售都是在夜总会做成的。"卡明斯是英国游艇制造商圣汐的中国区CEO，他最耀眼的销售业绩是将价值700万英镑的"圣汐战舰108特别版"游艇卖给了万达老总王健林。如今这艘游艇在上海十六铺码头拥有一个最佳泊位。

"夸张的价格是游艇吸引力重要的组成部分。"这种行话，卡明斯大致肯向国外的媒体率性而谈，面对国内媒体，卡明斯会与众多的洋品牌的销售总监一样，譬如全球豪华游艇制造商——阿兹慕的销售总监马可·瓦莱（Marco Valle），西装革履，谦恭有礼，只会恭维大陆买家的品位，"七八年前，中国还没有游艇码头，游艇生活只是个梦想。而现在，人们开始意识到游艇除了个人生活消遣之外的其他用处，大家对船业有更多的个性化要求。"

与"游艇+美女式"性感火爆的营销方式相比，飞机的买卖比较低调。电焊工出身的张虹玲以其神话般的飞机销售业绩无可争议地成为销售者的偶像。刚入职国外某直升机代理公司一年多的梁小姐就熟悉这个传奇。1997年，15岁的张虹玲初中毕业后，因为家贫，投奔在沈阳飞机制造公司工作的堂舅。之后张虹玲利用卖馒头的间隙，取得焊工上岗证书，并意外获得去巴基斯坦一家船厂工作的机会。谁知船厂破产，张虹玲不甘心空手回国，在一次摆地摊时认识当地一名富商。闲聊中得知富商因起落条件的限制，正准备买一架短跑道的轻型飞机。张虹玲忽然想起堂舅说过，国产轻型飞机所需的起落跑道最短的只有30米。于是，一个大胆的想法在她脑子里产生了：当中介人，把中国的轻型飞机卖给这个富商！经历多次拒绝后，张虹玲终于被江苏一家飞行器制造公司接纳，应诺代理销售。张虹玲抓住富商之妻（原籍中国）的思乡之情，说服富豪于中国试飞。富商试飞后大为满意。张虹玲先后从富商处拿到5架飞机的销售合同，从国内公司提取了60多万元人民币的佣金。半年时间，5架飞机！张虹玲造了这个奇迹！低学历、无资源、高回报，这个充满传奇色彩的故事成为"菜鸟"们最励志的销售案例。

与张虹玲的草根出身不同，毕业于中国民航学院航空电子工程专业的杨笑侬，先后在南航集团湖南公司和民航湖南管理局工作。1997年，远大的张跃考取国内首张私人飞机驾照，从国外购得塞斯那喷气式公务机和贝尔206直升机各一架，停在广州两个月，原因是进口飞机须通过民航总局等部门的审批才能入关。而远大集团根本不知道该如何办理这些手续。刚从民航系统辞职的杨笑侬毛遂自荐。18天后，杨笑侬就拿到了两架飞机的批文。27岁的杨笑侬遂被任命为远大集团航空部部长，负责人员培训、飞行调度和日常养护等工作。

十几年来，杨笑侬在业内拥有的名气让他不必去毛遂自荐地找客户。2011年6月19日，在笔者采访他一周后，不幸消息传来，杨笑侬在划着皮划艇钓鱼时，不慎跌入湍急的河水中，不幸去世。"（他）既有飞机的专业技术素养，又懂航空政策，综合素质不错。"伍振东告诉笔者，杨生前一

伍振东在中国航空界打拼了将近30年。

度积极与亚飞太平洋有限公司接触，与他商谈合作事宜。

在中国航空界打拼了将近30年的伍振东，头发灰白卷曲，酷似日本前首相小泉纯一郎。1983年从中山大学毕业后，他被分配进广州民航局。其时民航局旗下有一直升机公司，所有的飞机都是从国外租来的。"那时我做飞机培训的英语翻译。时间一长，外国教官也喊我直接授课。1993年出国考察，那时我想可不可以把国外的东西搬到中国来。"这一搬，从航空咨询、设备人才的引进，再到如今的飞机销售代理、培训托管，伍振东可谓中国通用航空领域布局最全面的人。

在伍振东看来，中国通用航空领域，飞行员、机务人员固然稀缺，但是最缺的还是优秀的销售人员。"因为不仅要懂飞机，也要很高的销售天分。"伍振东现有的十几个销售人员，分布北京、上海、深圳等地，"刚入行的新手是不能单独见客户的，需要一个熟手带着。一个优秀的销售需要2年的培养时间，淘汰率较高，有30%～40%的人被淘汰"。伍振东说两年下来，每个销售人员的培养成本有20万～30万元。

"我们做的都是500万元以上的大单，这些老板一般都很有素质，他们看好飞机后，具体价格与合同都是他手下的人经办，不存在拿不到台面上的事情，毕竟对方是有头有脸的人。"伍振东说买飞机加上后期托管与维护，需要一大笔钱，这就决定了买飞机的富豪，基本是诚心要买的，"我们要做的，是怎么专业服务，让自己的服务能配得起客户的身份，符合他们的消费心理"。伍振东和杨笑侬都有过不到半小时谈妥生意的销售案例。"运气后面，其实更多是个人的修为。" 在正规的销售公司，一架直升机的提成在1万元以上，一架喷气式飞机提成在10万～100万元以上。而那些提篮子的飞机销售顾问最可能坏行业规矩，"他们没有销售资格，一般是从一级代理机构那里凭关系拿到销售机会，不菲的佣金，让他们挖空心思去打动客户。"

中国富豪的购买力

　　或为公务方便，或为宣传企业形象，在奢侈品消费中，购买私人飞机者，往往最看重这三个理由。当然，以兴趣为重心的玩家，亦在日益增多。

　　作为富庶的浙江商人的代表人物——杭州道远集团董事长裘德道出手豪阔，就连司机和私人保镖都曾得到他赠送的座驾。2004年，裘德道自费去新加坡看航展。

　　航展上，凡是他看中的飞机，每个都试飞一小时。足足过了两天的瘾，裘德道选中了一架名为"首相一号"的商务机。这架美国雷神公司制造的公务飞机价值6000万元。

　　与浙商的高调不同，湘商梁稳根则很少给人谈起他的机上人生活。坊间传闻，几年前，当迈巴赫出现在长沙车展之后，三一集团当即为董事会成员"批发"了9台迈巴赫。不过，确定不疑的是，梁稳根其中一辆坐骑就是迈巴赫62，买入价是720万元；梁稳根还另有一辆宾利欧陆飞驰。这两辆车因为上牌同时出现在车管所时，曾引起了不小的轰动。虽不喜接受采访的梁稳根给人以低调的印象，但在奢侈品的拥有上显示了湖南人的霸气，他是继远大张跃拥有多架私人飞机后，第二个拥有两架以上私人飞机的湖南商人。据三一内部人士说，梁稳根闲暇时很喜欢自己开着价值数千万的直升机在三一集团的厂区绕圈。而在梁稳根的祖籍湖南涟源道童村，他还修有一个私人停机坪，这架直升机是从伍振东的公司购买的。直升机飞行一次的油耗花费一般都在1800元左右，其保养费更是昂贵。梁稳根的另一架飞机，是一架空客A320喷气式飞机，报价为8000万美元。

　　如果说裘德道是真正玩家，梁稳根是公私兼顾，那么华西村吴仁宝则代表了第三类企业家形象。公务飞机主要成了一种拓展公司业务、塑造企业形象的新型手段。

2009年，华西村老书记吴仁宝提出，村里应该买架直升机、修个停机坪，搞低空旅游项目。2010年夏，华西村分别从美国麦道公司和法国欧直公司购得两架直升机。从性能来看，欧洲直升机有限公司生产的AS350B3型直升机俗称"小松鼠"，以其性能安全、低运行成本而著称，适合各种飞行要求高的任务；而美国麦道公司生产的MD902型直升机，俗称"开拓者"，机型稍大于"小松鼠"，飞行成本也比"小松鼠"高一点，可搭载游客4人，主要用于观光。

卖直升机给吴仁宝的伍振东说，他佩服老书记的眼光，"他也会做生意，买飞机时搞了招标，最后两架飞机从两家公司买，他说，谁也不能得罪"。

而海南富豪王大富既是游艇爱好者，也是游艇俱乐部的经营者。王大富认同英国一家豪华游艇制造商的说法，"欧洲人出海航行会持续10天或两周。而中国人每周末都会用几小时，供客户、家人和朋友娱乐。他们使用游艇和在城市里用练歌房没啥两样"。海南三亚鸿洲游艇会是中国南方最大的游艇会之一，拥有专有会员码头和聚会会所，搜狐创始人张朝阳就是其会员。

据业内人士预测，到2020年全国私人飞机拥有量将达到2000架。与游艇和超跑相较，那种专门为喷气式公务机与直升机玩家开设的私人飞机俱乐部少之又少。而上海的"太阳会"则成了中国第一家私人飞机俱乐部。俱乐部完成了富豪以兴趣为纽带的身份归类，而这类圈子又成了圈子运营者眼中的富矿。

洋品牌的根据地

井喷般涌现的中国超级富豪成了奢侈品牌围追的焦点。而占据技术与设计优势的洋品牌，以中国公司代理销售、举办生活方式展等形式攻城略地。

2011年4月18日，阿斯顿·马丁极致限量车型One-77进驻上海1933老场坊空中展厅，这是阿斯顿·马丁One-77首次亮相中国。它的特殊之处在于全世界限量77辆，这也是它名字的由来。中国限量5辆，已全部被预定。每辆售价高达4000万～4500万元人民币，是世界上最贵的跑车。2012年4月23日，北京国际车展上，阿斯顿·马丁发布了专门为中国市场量身打造的3台龙年88限量版车型，同样全球仅限售88辆。

更多豪车中的王者——超跑在最近十年，基本选择以北京、上海、广州三大车展作为进军中国的契机，隆重推介其全球限量版或专为中国市场定制的超跑车型。兰博基尼、法拉利、世爵、玛莎拉蒂等知名豪车品牌，无一例外将中国市场视为最赚钱的"战场"，而他们推出的超跑，无一例外赢得中国富豪尤其是"富二代"们的追捧。

喜欢抽雪茄、收藏5部老爷车的保罗·维特利（Paolo Vitelli）花费近40年时间，把生意从游艇租赁发展至制造领域，是欧洲最大的动力艇制造商，也是全球最大的24米以上游艇制造商。2007年4月，阿兹慕游艇进入中国，在上海设立办事处，旋即四处参加各类游艇展。2012年4月5日，64岁的保罗·维特利第一次来到中国，在三亚的海天盛筵上，亲自担纲新游艇的解说，"今天早上我们刚刚有一个新的决定，就是在今后我们将针对中国市场的需求，寻求一些创新。但是，我们会传承意大利传统的工艺和制造"。在阿兹慕游艇的全球棋盘下，中国市场将要占其20%～25%的巨大份额。阿兹慕游艇全球营销总监马可·瓦莱告诉笔者："现在我们希望更多地去接触消费者。这是一个本土化策略。我们在中国设立办事处，是为了培训经销商，我们的制造全部是在意大利完成的。"

中国交通运输协会游艇分会近期透露，目前中国拥有1300多艘私人游艇；未来十年，国内游艇保有量将有望增至10万艘以上，而意大利对外贸易委员会也认为，至2020年，中国游艇的交易额将达到100亿美元。十多家全球著名游艇品牌目前都已瞄准中国，马可·瓦莱笑称，在中国，阿兹慕游艇尚未碰到强劲的竞争对手。

中国的通用飞机市场，亦是洋品牌一统天下。豪客比奇、空客、波音、庞巴迪、赛斯纳、湾流、巴西航空等多家公务航空巨头先后抢滩中国市场，目前国内有近十家一级公司代理销售这些品牌旗下的飞机。

2012年2月3日，成龙现身巴西圣保罗，他以3000万美金购买的Legacy 650定制商务机正式交接。成龙是继赵本山之后，华人娱乐圈又一位购买私人飞机的大明星。赵本山购买的是加拿大庞巴迪公司的Challenger 850，成龙购买的是巴西航空公司生产的Legacy 650，售价都是3000万美元左右。在成龙效应下，巴西航空至今在中国已收到13张订单。

"世界上最先进的公务机"，尽管这句广告词稍显张扬，但湾流公司以其远超竞争对手的性能，已成为包括苹果公司总裁乔布斯、鸿海集团董事长郭台铭在内的越来越多顶级富豪的选择。中国已成为湾流在亚洲最大的市场。

"2011年中国各地机场公务机起降架次已突破1万架次。"伍振东告诉笔者，"上海是公务机运营中重要的选择目的地，2009年在虹桥、浦东两机场起降的公务机约3500架次，占据全国的1/3。"

奢享的中国问题

中国本土公司除了在技术与设计上奋起直追外，必须直面市场暂时因国情造成的消费"堵塞"——因超跑专业赛道的稀缺，游艇码头与通用机场的建设不足而带来的消费顾虑。

"我第一次来中国是在2000年，那时我还是个学生。"小时候，李雯雯的父母就给她讲中国的传统故事，比如《白蛇传》。作为法国姑娘，李雯雯独自一人背包从北京漫游到昆明、大理、丽江。她发现中国除了悠久的文化传统外，还有令人惊喜的另一面——时尚而多元。"当时，我就爱上了这个国家，我就在想什么时候可以再回来。"机会真的来了，毕业后她找到了一份在深圳的工作，专门做会展。2003年之前，她一直做豪宅展；2003年开始，她所在的公司运作了上海游艇展。"那是一个有关游艇设备的展览，专业性很强。"而细心的李雯雯意识到了，游艇会展更需要渲染的是它作为一种生活方式的价值。2009年，李雯雯结识了王大富。而此刻，王大富的事业重心正转向游艇，两人一拍即合，一场旨在打造中国高端生活方式的展会——"海天盛筵"于2010年在三亚拉开大幕。在李雯雯的蓝图里，这是一场法国里维埃拉式的时尚盛会。里维埃拉是法国南部地中海与阿尔卑斯山脉之间的一条狭窄海岸，气候怡人、植被绚烂芬芳，历史上多名人眷顾，是全世界王公贵族、巨贾富商的度假最爱。这里盛事更是不缺，尼斯狂欢节、戛纳电影节、F1赛车都会在这条璀璨海岸一个个上演。

　　由李雯雯创办的China Rendez-Vous公司是"海天盛筵"的主办方之一。在成功举办多届"海天盛筵"之后，该公司开始筹划更多针对中国高端生活品消费者的展会活动。李雯雯目睹了私人游艇在中国的崛起历程，而李雯雯的中国故事，亦证实了国外奢侈品牌垄断与试图继续主导中国市场的基本现实。

　　不过巨大的市场潜力亦激发雄心勃勃的本土资本的分羹意识。在跑车领域，比亚迪、吉利都推出了自有跑车品牌，基于技术等瓶颈，眼红的无非是低端的跑车市场；而在游艇市场，更激烈的战斗已经打响。凯普雷斯·赖姆受雇于厦门一家游艇建造公司，他曾只花了90分钟就搞定了自己首艘豪华游艇的销售。"客户只是给了我手机号，并向银行打电话支付了定金。我甚至都没要他的名片。"目前至少有10家中国公司在同众多国际知名游艇企业竞争中国新生游艇市场。北至青岛，南至三亚，中国各类游艇展中，本土品牌的游艇与洋品牌游艇比肩而立，如果不是专业的鉴赏家，产品基本从形态上分不出优劣。而在私人飞机尤其是高端通用航空领域，则基本是洋品牌的天下，本土品牌主要专注于小飞机的研发。

尽管游艇、私人飞机，在中国拥有广大的消费市场，但亦存在现实的掣肘。各地游艇难以实现自由区域航行，游艇驾照也难以跨区域使用；还有游艇码头的缺乏，都是游艇在中国发展急需解决的问题。而在通用航空领域，"在国外，有很多国家低空是对私人开放的，可以自由飞行，只要告知就行，不需要批准。"在伍振东看来，发展中国私人飞机，最大障碍来自机场配套。"据民航局的统计显示，中国目前有991架私人飞机，1600人获得了私人飞机的驾照，但所有民用机场加起来仅有175个，而且不是每个机场都可以降落公务机。机场的数量少，加上托管公司的缺乏、通用航空人才的稀缺，严重影响了中国私人飞机的发展。

一位外国品牌的游艇营销总监说，中国客户对游艇枯燥的技术细节不感兴趣，"他们只想要一个身份地位的象征，一件表明'我很富有'的物品"。"这类观念构成了中国富豪群体消费的基本心态。但奢侈品的流行本来就是有关人性的工业故事。"深圳金石通用航空有限公司总经理彭立武如此感慨："人总是处于一种追求欲望满足的过程中，总是处于寻求更好的、更高级和更完善的过程中。"而奢侈品那种质量精细和工艺完美很好地满足了人类的审美野心，也带动整个社会不断地追求一种极致。"尽管我们现在的消费文化中有粗鄙的浅见，但这是一个必然过程。"

访问 王大富：独乐不如众乐

> 兴趣——发现——拥有——经营。如今，游艇已成为王大富生意场上一个重要的链条，亦是他重要的商务会所。借此，他完美地实现了一个游艇玩家的华美转身。

在三亚鸿洲游艇俱乐部里，王大富毫不保留地畅谈他的游艇大梦。这个20多年前出走深圳并发家的乡村小子，21年前第一次在香港尝到游艇滋味。从小在海边长大，只接触过木船的王大富立刻喜欢上了这种他称之为海上汽车的游艇。2003年年底，从深圳回到海南三亚做项目的王大富感觉自己重游回海的怀抱，立刻产生了购买游艇的想法。这一年，王大富拥有了第一艘自己的游艇。而这也是当时三亚的第一艘私人游艇。

王大富喜欢自己开着游艇出海，最厉害的一次，是与朋友从三亚启程，费时四天，直抵上海。王大富认为，生意场的浮华与人类享乐的天性是游艇吸引富豪的基本缘由，但游艇之乐尚有另一面，"大海之上很安静，能专心思考一些问题。我喜欢享受这种孤独的感觉"。独乐不如众乐，灵敏的商业嗅觉让他在三亚鸿洲的河岔处，发掘出一条通向大海与自由的游艇大道。

享受激情亦感受寂寞

笔者：作为玩家，你对游艇的热爱有什么特别的体会？

王大富：我自己是很随意的，平时就是忙里偷闲，把游艇开到海上，享受激情的同时也享受一份寂寞。企业家本身的生活相对枯燥而且压力很大，有时就只是单纯地躺在甲板上，独自一个人。很多时候，人只有在孤独的状态下才能更深度地去挖掘想要的事情。再就是自由。以前是坐别人的，现在我自己动手开也可以。我深深地喜欢上水了，要动也有，静也有，在一个时间段，我自己可以来支配。

笔者：玩游艇，都有哪方面的开支？

王大富：买游艇，是几千万元。其次是养艇，这是一笔巨大的开支，码头停泊费、日常保养维修费、油费、年审等费用，养一艘游艇一年要几十万元人民币，比同时开几辆车还贵。并且游艇出海一次就要花费上万元人民币，这就如同往水里撒钞票。

一个男人对另一个男人的欣赏

笔者：当年做游艇会是出于什么样的想法呢？

王大富：除了个人的爱好外，我也看到了游艇行业的前景。加上海南岛的资源本身在国内是稀缺的，三亚的大海、阳光、天气，中国别的地方找不到，有很多天时地利的要素决定了我们的成功率。所以必须发展高端的，比如高尔夫、直升机。

笔者：你代理的第一个品牌是人家主动找上门的？

王大富：2007年年初，我购买了一艘法拉帝集团的"博星72"游艇。这是专门为追求速度刺激的玩家设计的游艇。试船时，按道理说不应该开那么快，或者是不应该拐那么大的半径。它能做的东西我都做了。我把高难度的动作都做足了。法拉帝集团的老板觉得我是行内人、玩家。这就是一个男人对另一个男人的欣赏。这艘游艇出现在香港游艇码头的的时候，作为亚洲第一艘"博星72"游艇，给香港游艇界带来轰动，很多行家慕名而来，都通过香港的代理商找到我，上船试驾，去玩。

用最好的，才会了解它的价值

笔者：游艇作为产业，要想在市场上赢利，在很多人看来，还是不可

王大富完美地实现了一个游艇玩家的华美转身。

能的事。

王大富：这是个相当好的产业，但是需要时间去培育。为什么我有百分之百的把握敢去培育，是我们有庞大的地产项目在边上。我觉得游艇产业有多赢的局面，一个是提高了房地产的价值，同时给公司增加了一个产业的机会。

笔者：代理游艇销售，目前的现状如何？

王大富：刚开始我们一年里面销售豪华游艇，也就是几百万元，一年卖多少？四十来条，数都数得出来，现在慢慢上了规模，大概每年上百条。

笔者：游艇会的未来是怎么规划的？

王大富：未来我计划把鸿洲游艇会打造成中国规格最高的玩家俱乐部。国际旅游岛这个政策下来以后，我觉得用不了十年时间，鸿洲游艇会的红火程度会如同戛纳的游艇展。

绿钱——资本大牌逐"绿"中国

从节能、低碳的"小绿",到诚信经营、注重社会效益的"大绿",绿色经济在中国演绎出内涵丰富的形态。绿公司的概念如今超越新能源企业范畴,指向所有只要是"不伤害环境、不伤害他人、不伤害未来",能可持续发展的公司。变绿,成为世界潮流,亦成为资本在中国新的逐利策略。有人辛勤传播"绿色教",圈钱圈地正忙;有人漂绿只图眼前的名与利。尽管我们知道一个市值巨大的绿色经济正或明或暗地隐现前方,但绿公司在当下中国面临着被泛化与庸俗化的危险。绿钱漂亮,而赚者各有其法。

事件 一份榜单上的公司新生态

> 上百家知名企业在一份榜单的指挥下,屡屡洗牌,江湖风云骤起,暗流涌动。变"绿"、更"绿",一时成为企业家集体瞩目的价值观。

创办于2008年世界地球日的中国绿公司年会,营造出了中国最大的"绿江湖"——参与者有中国最大牌的本土企业、最著名的跨国公司,也有最生猛的互联网新秀。柳传志、王石、马云等商业领袖频繁现身论坛,"讲经布道",传授绿公司背后的商业逻辑。"这个会,相当于一个播种机,通过我们的力量逐渐影响企业家群体，影响官员，影响学者。"万达集团董事长王健林至今参加了每届年会，但他希望这不仅仅是一个有钱人的聚会。

绘"绿"绘色

每届年会都吸纳了知名的中国商界大佬。他们对绿公司的解读，从节能减排，到以人为本、承诺不行贿，显示出主流商业思想的跃进。"绿"出思想，"绿"更要出效益。

2008年举办的绿公司年会上，王石、牛根生等企业大佬侃侃而谈讨论着如下议题——"环境与发展：如何破解中国悖论""环境与行业：冲突与平衡""低碳技术创新与融资"等。那时，是绿色经济初进国内阶段，对于公司之绿，学界与商界基本将之界定在环保、节能、注重新能源的开发与利用上，概念相对稳定清晰。

但到了第二届，绿色有了新的寓意。当时会上，柳传志声称：全面推行绿色经济困难重重；马蔚华保证：绝不放贷给排放多的企业。绿公司之绿开始指向绿色价值观，而注重产品质量与企业公益行为，都被组委会视为绿公司的重要考察科目。

一届届下来，绿色的含义日益丰富。作为事实上的中国商界教父，每次柳传志在绿公司年会上的言行表现，无一例外地都会成为众人瞩目的焦点。2011年，他以光头形象出现在主席台上，引起参会者惊叹。他少见地戏言："可以照亮会场，低碳环保。"他说："我一直在思考，自己是谁，到底什么才是企业的本分。多缴税，多提供就业机会，以诚信的态度经商，靠辛勤的耕耘获取财富。"这份诚信，这种对社会责任的担当，在第一次参会的远大集团董事长张跃看来，亦是"绿公司"的应有之责。张跃所言的绿公司，除了诚信与环保，还有不行贿、对客户与供应商以及员工负责。

在第五届论坛上，过去的"绿色公司"正式被更名为"绿公司"。至

马蔚华自嘲因为能挣钱而当上了中国软科学发展
基金会的理事长。

此，在论坛的创办人刘东华看来，"小绿"基本完成向"大绿"的过渡，
"绿"，成为一种可持续性的商业文明，企业诚信、拒绝商业贿赂统统被
纳入绿公司范畴。

诚信经商、以人为本，柳传志认为这是"耕地派"商人的根本所在。
柳传志在演讲中展示了几张照片，第一张就是联想养猪厂。1988年，中国
物价飞涨，当时的联想公司曾派人去山东聊城办了一个养猪厂。"办这个
养猪厂不为别的，主要考虑的是万一企业形势不好了，我们的员工退回来
还能吃上肉。"1992年，越来越多的年轻人加入联想。这时，一张新员工

住在一起的72家房客照片应运而生。"当时，年轻人进入联想无法像以前计算所老员工那样享受分房福利。为解决他们的后顾之忧，我们找到建行谈贷款，通过按揭方式，杨元庆（联想集团董事长）、郭为（神州数码控股有限公司董事局主席）都成了这72家房客中的一员。"

远大公司称被评为年度"绿公司"，其创始人张跃在一次接受笔者采访时，专门提出，考察一个公司是否为绿公司，除了"不行贿、能节能减排"外，还得看是否"以人为本"。汇源果汁集团有限公司董事长朱新礼在参加论坛的前一周去了安徽，"我去的那个地区，三百多年前有一些人经商很成功，老百姓称他们为大户人家，他们家的传统就体现在房子的柱子上。其上刻了很多很好的语言，就是善良、诚信，都是围绕这个底线去做的"。而参会的远东控股的蒋锡培希望企业诚信，要"从自己做起"，"交易成本不要太高，信用成本实在太高的话，做事情太累"。

正是在"大绿"的概念下，一些传统观念中易污染环境的企业亦登上此次绿公司百强榜。巴斯夫是一家主要以化学品及塑料为核心业务的外资企业，其全球高级副总裁关志华讲："我们会做很多培训，致力于养成一种尊重员工、社会与自然环境的文化。"

王健林认为，绿公司仅在道德方面坚守是不能持久的，一定要有商业的逻辑在里面，"通过绿色的发展获得更好的收益，得到更长远的发展，这才是最持久的"。

嘉宾的分量决定着会议的分量。而大佬的年会例牌是：会晤当地政要、主题演讲、沙龙对话、与各色仰慕者合影等。

吴健民、柳传志、王健林、俞敏洪、郭广昌，是绿公司年会的常客。作为前外交官，吴健民现任国家创新与发展战略研究会副会长。2012年，他被组委会授予年会大会主席的重任。而在2011年，吴是绿公司百强专家评委的顾问委员。

柳传志每次都基本全程参加完年会，很少中途退场。每次年会，会晤当地政要、主题演讲、沙龙对话、与各色仰慕者合影等，成为他的规定动作。

笔者发现，大会参与者，除了组委会邀请的重要政要、上榜企业、学者、媒体外，基本上是付费的观众。据组委会介绍，普通企业家参会费每人1.8万元，如果是中国绿公司联盟成员、中国企业家高尔夫联队队员，或者合作机构成员，参会费为每人1.5万元。"尽管我们的企业不大，但参加会议，可以预见行业未来的走向，提前准备。"来自深圳做外贸的刘先生告诉笔者，他肯定会参加大会的每场活动。在他们这些自费参会者看来，这是一次思想的盛宴，机会难得。与大佬攀谈，合影，交换到名片，"那当然是意外之喜了"。

榜单自有逻辑，"杀熟"也出黑马，昔日"自家人"，今日落下马；曾经垫底小弟，如今反弹猛蹿。操盘手刘东华声称绿公司百强榜有点像最有实力企业益虫榜。

有没有朋友暗示或求情上榜？中国绿公司年会创办人刘东华告诉笔者："我们绝不拿原则做交易。现在是互联网时代，也是微博时代，你做了任何不该做的事情就会被瞬间放大……所以凡是犯了比较大的错误或者是说不清的，我们都有可能把它排除在外。至于持续上榜的企业，不是因为他们是我的朋友，是专家分析依据严格的标准评定的。"刘东华一再强调评委会的独立性。

刘东华称绿公司百强榜有点像是最有实力企业益虫榜，"百强一定是有实力，如果仅仅是有实力，他不是益虫，可能靠做坏事赢得了实力。我们也不会考虑这样的企业"。刘东华不讳言，绿公司百强榜从诞生起就有争议，特别是落榜和没有入榜的大企业，"但发榜五年来，从来没有一家企业告过我们"。

"自第三届开始，我们就不赔了。"刘东华说，每届年会的投入基本过百万元。这个从媒体操盘手转型为资源整合者的业界新贵，会议期间，虽一直被各色人等簇拥，但总能听到他铿锵的声音，或来自讲台，或来自他休息的房间。找他合作者，络绎不绝。

纵深　圈钱狂飙——绿化的生意与竞争

> "绿江湖"良莠不齐，各色人等粉墨登场。但重提价值观、诚信红利与商业环境大变革下的持续创造力，才是企业变"大绿"的可能路径。

中国绿公司年会，如同一个阅兵台，展现出中国主流企业家对于"绿"的多样理解。相对这些高调言论，企业家的经营实践才是绿色经济影响力的真实见证。从2005年中国第一家在纽约上市的光伏企业开始，资本的热钱蜂拥而至，不断围猎被政府热捧的绿色产业。"绿钱"，当然也不是局限于新能源行业，越来越多的传统行业热衷于戴上"绿帽子"，要么已经挖到"绿钱"，要么期待被"绿钱"砸中。

争抢第一波"绿钱"

新能源市场，在政府与专家的相关阐述下，无疑是当前中国"绿江湖"最为显赫的一支生力军。如今热钱散去，喧嚣归于寂静。

2000年，在澳大利亚取得太阳能科学博士学位的施正荣遇到了无锡市经委主任李延人。两人惺惺相惜，相见恨晚，经过一番计议，订下计划，施正荣回国创业，李延人下海经商。

刚开始时，无锡尚德叫无锡尚能光伏系统科技有限公司，办公是在无锡市新区黄山路1号东楼。那时候条件简陋，施正荣只能在阿里巴巴等商务网站上介绍产品。李延人调动他的人脉资源，上下游走，左右交通，融资600万美元，施正荣则投资40万美元的现金和价值160万美金的技术参股。

施正荣凭借掌握的先进技术，经多方努力，最终于2005年在纽约证券交易所上市。在尚德案例的指引下，各地政府纷纷投钱、投地、投人，为新能源造势，充当"重要推手"，一时各地"太阳能产业规划"的政策及文件多不胜数。各路资金纷纷杀入光伏行业，中国十多家光伏企业相继在海外上市。同一年，中国出台了可再生能源法，召开了全国风电建设会议，地方风电项目开始遍地开花，风电整机制造企业、零部件企业投资风起云涌。有业内专家预测，中国新能源产业的前景很广阔，一旦发展进入成熟期，将会带动上万亿元的产值。

此时，以绿色低碳经济为核心的"经济革命"正席卷全球，中国从国家层面全力推进"绿色新政"。2008年4月23日，财政部发布通知，从2008年1月1日起，中国国内企业为开发、制造大功率风发电机组而进口的关键零部件、原材料，所缴纳的进口关税和进口环节增值税实行先征后退。之后，国家绿色新政频出，中国新能源项目得到各地政府的政策与资金的扶持。

2005年也就成为中国以风电、光伏为代表的新能源行业的真正起步年。

在资本的追捧下，加之地方政府的热情鼓励，中国淘"绿钱"者以加工制造业的思路发展风电和光伏产业，让一个原本资金技术密集型的行业变成了依靠组装加工的劳动密集型产业。"没有什么门槛，有钱买设备就可以上。"一位长期追踪新能源概念股的分析师表示。

但是到了2011年，形势急转直下。2011年10月18日晚，尚德突然传出"申请破产"的消息，令业界震撼，但公司方面随即否认。此前十几天，江西赛维LDK亦被传言"申请破产保护"，赛维方面随即予以反驳。到2011年下半年，中国数百家光伏企业已有50多家倒闭，1/3处于半停产状态。

另一个新能源宠儿风力发电的日子也不好过。由于竞争激烈，风机整机的造价已从2008年的6500元/千瓦下降到了3000元/千瓦，利润微薄。尽管如此，还是有许多风机积压在仓库里卖不出去，卖出去的也回款困难。即便华锐风电、金风科技这样的巨头也利润大跌、库存量增大，前者更因设备事故频发，各类麻烦缠身。

缺乏技术撒手铜，依然重复着传统行业低价销售的模式可以看作风电行业遭遇寒流的两大主因。政府更理性的"照顾"也是一度"疯转"的风电行业"泄气"的原因。"政府对新能源产业的支持，就像是给花浇水，在有限的经济条件下，择优支持，看花浇水。哪儿有漂亮的花就往哪儿浇水，不漂亮的就少浇点水，那些市场竞争力较弱的行业就要想办法使自己变得漂亮点儿。"国家发改委能源研究所原所长周大地如此解释政府现阶段的新能源政策。

相比风电行业，光伏行业市场主要在欧美，依靠的是欧美政府的财政补贴。而欧债危机导致欧洲各国光伏补贴大减，压缩了市场对中国产品的需求；美国"反倾销、反补贴"调查也大大限制了中国企业对美国的出口。

新能源行业，很快成为资本狩猎"绿色红利"的第一战。如果以寻求短期利润甚至暴利的心态进入这个行业，这必然是一种涸泽而渔的自杀行为。

也许，新能源产业这十年之痛对社会而言正是一个祛魅的过程：一个公司并非选择了一个"绿"行业便稳据道德高地、高枕无忧。除了拿政府补贴，能否持续创新和作为？任何行业都无法摆脱这样的考问。

"漂"绿者操作"秘笈"

> 戴上时尚的"绿帽子"，以此逢迎政府与资本，并哄瞒社会舆论，一些企业家明里宣扬低碳与绿色，暗地无视环保与诚信，明"绿"暗"黑"，短时间内获取了不菲利益。

2011年8月初，云南省曲靖市陆良化工实业有限公司铬渣非法倾倒事件被曝光。受铬渣污染最严重的兴隆村被称为"癌症村"，"为缓解病痛，患病村民竟食用臭虫以求保命"。污染事件曝光之后，主要活跃于云南的环保组织绿色流域，同23家国内非政府组织（NGO）联名向16家中资上市银行发出公开信，希望了解各银行是否与"肇事"化工及其两家关联企业有信贷业务关系，但只有兴业银行和上海浦东发展银行对此进行了回复，声明其与上述三家企业并无信贷业务联系。

给予不良企业信贷无疑是违反银行业《企业社会责任报告》有关规定的，譬如"践行社会责任、助力绿色经济"。"在光鲜的口号下，银行究竟是在'变绿'，还是在'漂绿'？"绿色流域主任于晓刚发出这样的考问。从源头上把控企业的资金来源，银行无疑是监控企业绿色的重要主体。

类似事件层出不穷。国家重点高新技术企业超威电池打着低碳的招牌，接二连三地在山东、安徽等地引发大规模铅污染；宣扬生态与安全的"中国茶油第一品牌"金浩茶油曾有9批次产品存在致癌物超标问题。此前，湖南省质监局查获此事，却因"维护社会稳定"并未公布，金浩茶油也据此"辟谣"称"质量安全"。

绿色，自然是大势所趋，企业变"绿"，自然为民众与社会认同；而"漂绿"，意指企业宣称保护环境，实际上却反其道而行之。2007年，美国环境营销公司Terra Choice发布调查报告《漂绿六宗罪》，揭露企业界的虚假环保宣传行径。如今，这份调查报告已成为判断企业漂绿行为的主流标准。

这"六宗罪"包括：隐瞒弊端罪，比如鼓吹纸或其他木材制品可再循环，却回避它们生产过程中污染水污染空气等问题；举证不足罪，比如宣称家用灯具节能，却没有任何证据来证明；撒谎诈骗罪，比如产品没有得到官方环境认证却声称已经得到；含混不清罪，比如有些企业宣称产品无毒，但是其实不管是什么东西超过一定的剂量都是危险的；无关痛痒罪，比如宣称杀虫剂"不含氯氟烃"，但是其实这种物质早已被禁用；避重就轻罪，比如，有些宣称环保的产品跟同类产品比较是真的，但是这样的环保宣传却分散了消费者注意力，从而使人忽视了该类产品整体造成的环境危害，如"有机"香烟或者"环保"杀虫剂。

此书的作者在后续研究中发现了另外一项罪行：崇拜虚假标签罪。很多制造商开始创建自己的环保标志。这些环保标志和加拿大、美国的官方环境标志是有区别的：合法的标签是建立在公开标准上，并通过开放的、公开的、透明的程序检验。而制造商们自己制造标签没有任何标准依据。他们只是简单地把自己制造的标签贴在产品上，以此愚弄消费者。

《圣经》上说："你们愿意人怎样待你们，你们也要怎样待人。"真诚，本应是人类对待地球、对待"低碳"最基本的态度，一如美国著名环境营销专家斯科特·凯斯（Scot Case）所言："当'漂绿'铺天盖地之时，必须让企业和公众意识到，不能诚实面对我们所谓的环保行动对环境造成的实际影响，我们将永远不能提高环保水平。"

与专家的悲观相比，企业家的看法值得重视。巴斯夫全球高级副总裁关志华认为："一方面，我们应该看到企业的进步，大家都明白绿色行为会给企业带来长久的效益；一方面，出现不良的行为，应由法律法规去制裁，并严格执法。"

"绿色分子"的坚定与温和

正因为环保组织的监护，争抢"绿金"的危害被大幅度消减。从最初敌对式的结果调查，到当下开厂前的环境评估，中国绿色分子赢得了更多护佑环境的机会。

2012年4月中旬，有环保界诺贝尔奖之称的戈德曼环境保护奖颁奖仪式在旧金山歌剧院内举行。中国环保人士马军获奖。组委会给予他的评价是："他建立了一个在线数据库和数字地图，将那些违反环保法律法规的工厂向中国的广大公众公示。利用该污染信息数据库和地图，马军与诸多公司合作，帮助其改善生产行为，降低污染排放。"

以慈善家理查德·戈德曼夫妇之名设立的戈德曼环保奖，已有23年历史，组委会每年在全球挑选出6位草根环保人士，予以嘉奖。马军曾做过记者，惊心动魄的采访经历让他对环保问题印象深刻。1997年，马军参加了一次对黄河流域水资源问题的集体采访，听到对方说，黄河完全干涸可以被视为对有限水资源的最充分利用时，他惊讶，"这种观点太可怕了"。

马军开始了对水资源问题的专业思考，出版过专著《中国水危机》。再之后，马军进了一家环境咨询公司。2004年，马军入选耶鲁大学世界学人项目，得以对中美环境管理体制作比较性研究，并向美国各界人士介绍中国面对的严峻环境挑战以及中国政府和公众为保护环境付出的巨大努力。马军回国后，2006年创立公众与环境研究中心，并主持开发了"中国水污染地图"和"中国空气污染地图",建立了国内首个公益性的水污染和空气污染数据库。

马军坦言,这个平台的建立是多家环保NGO合力行动的结果。这些合作,当然很多是冒着危险进行的。批评,实质上成为他与众多NGO人士针对企业的重要声音,当然他们也是不良企业防备的"敌人"。

与马军工作的"凌厉"相比,张醒生的环保方式有着不同寻常的价值。张醒生的工作经历也颇为丰富。14年前他是资深经理人;9年前他是企业掌门人;7年前是投资人;而4年前,他拥有了一个新身份:大自然保护协会北亚区总干事长———一个纯粹的环保推动者。

张醒生将人生拆分成三段,第一个阶段为了生存,第二个阶段为了事业,而第三个阶则是回馈社会。

张醒生的工作方式比较温和。他充分调动自己在商界、政界积累的人脉,把环保变成一个稳步推进的事业。譬如他会和企业家朋友一起去即将投资的地方,就企业对环境的可能影响做专业评估,提供给投资者以备参考。作为重要嘉宾,张醒生已经受邀参加了五届绿公司年会,与国内企业巨头进行良性互动与直接对话成为他的优势。

有意思的是,由中国知名企业家组成的团体SEE基金会,自2005年开始设立"SEE生态奖",重奖环保机构或个人。而张醒生所在的大自然保护协会,也成为SEE基金会的合作方之一。

这些民间环保分子,充分发挥各自的资源优势,影响着中国企业的发展方向,他们无疑是中国"绿江湖"的中坚理想主义者。

明星的"绿江湖"

明星企业家的行动,无疑具有巨大标杆意义,而一个示范平台的搭建,更具引领风气的作用,"至少,追戴'绿帽子',比戴'黑帽子'更能让人抬头挺胸"。

2007年12月9日，91家企业在北京发出倡议："仁者以天地万物为一体。我们将持续以往的积极努力，我们将开始新的探索，从做人，到做企业，做出绿色选择，留下绿色足迹，为人类共同福祉务实开拓、积极行动。"

操盘手刘东华试图汇聚全社会的"绿色"力量，组建中国绿色企业公司联盟，并以此推动评选中国的绿色公司。在刘东华看来，"绿色公司"是"基业长青""最受尊敬的公司"的代名词。而要成为会员，年营业额不低于人民币5000万元。这个门槛，基本上将"绿色游戏"锁定在大中型企业身上。

目前中国最主要的企业基本都是中国绿色公司联盟的成员。自2008年开评的"中国绿公司百强榜"，绿盟成员有上有下。在5次年会上，基本上中国最大牌的企业明星都有自己的一本"绿色"经。柳传志是发言最多的企业家，他2010年声称联想旗下的两家投资公司，一共投了10家有关环保方面的新能源企业；2011年他相信，改变能源生产的方式隐含着巨大的商机。刘永好的见解很诚恳，他曾说，传统的鸡、猪、牛等养殖，对大气、对环境的破坏，某种程度上比工业污染还要严重。我们还应该通过科学的养殖方法使粮食得到合理利用。而王健林认为不要把低碳经济和发展对立起来，"好像一讲减碳、绿色价值观，就要减少发展、减少活动，应推出符合中国国情的绿色价值观"。他说万达集团从绿色发展中获得了实在的效益。

与企业大佬亦真亦幻的表态相比，张醒生的提醒则比较温和：今天环境保护、生态保护和绿色科技已经到了一个临界点上，"火种"有了，用"火"的市场有了，政府认知也有了，社会认知也有了，但是还得具备政策推动以及企业家的动力。

张跃则以自己的认知丰富着人们对绿色的理解。他曾经是三架私人喷气式飞机和一架直升机的拥有者，如今它们静静地停在停机坪上；处于半退休状态的还有深蓝色的劳斯莱斯超长豪华车和淡黄色的法拉利跑车，理由是"碳排放量太大"。同样的理由，他把衣服和裤子控制在10套以内。作为企业掌舵者，面对笔者的追问，他认为，不行贿是"绿公司"最重要的价值，"贿赂打破了一切的秩序和心情，很多年以来我都咬紧牙关，杜绝一切的贿赂。这个问题不解决，社会的一切东西都看不透。一切都是乱七八糟的"。他认为要敢公开说不能贿赂，"要有人天天说，不然别人会认为是天经地义。"

无论如何，柳传志、刘东华等人举办的绿公司年会"仿佛一个巨大的秀场，各种人物粉墨登场，他们的表现基本囊括了当前中国'绿江湖'的各种形态。真实在做的大有其人，配合表演的大有人在，惆怅观望者为数不少，不过，混水摸鱼的江河日下确是事实。"一位业内人士如此评价。马云曾在一次绿公司年会上如此说："如果公益是场秀，我希望能秀的人更多。"

"至少，'绿帽子'成为一种价值导向，人人心向往之，大家觉得'绿钱'高尚，'黑金'无耻。"关志华相信绿公司一定能成为商业价值观的引领者。

第三章

悄然的进化

极旅——富人们的南极冲锋

　　著名旅行家蔡景辉说："每个人都有自己的极点，梦想南极，就是梦想生命的怒放。"南极，貌似安静平和，却涌动着意想不到的生命力。在中国，一批以企业家为主体的富人，宁愿放弃赚钱时间，深入极地。自然的壮美，生命的渺小，生态的脆弱，开始改变他们固有的观念。"最重要的不是实现梦想到达南极，而是要带着责任和承诺从南极回来。"这是一种非同一般的旅程。这些富人们的极地巅峰体验如探照灯，照进他们本已封闭而骄傲的内心深处。寻找更健康的生活，改变，从自己开始；改变，正在发生。

特稿　无极限梦想

　　对于去过南极的那些人，"行程虽然结束，但负责任的旅行却未竟于此"。越来越多的南极旅客感觉到，南极不仅仅是另一个地方，"它更像一个载体——你将自己置身其上，它就会将你慢慢淹没"。

　　"这里的很多东西都是不常见的。这里是世界上最安静的地方。冰面裂缝的声音，就像有人跟在你身后，但那其实只是冰的声音。"德国导演沃纳·赫尔佐格在纪录片《世界尽头的奇遇》中把南极描述得如同另一沉寂的星球。"到处都是巨大的蓝，天蓝，冰蓝。生猛地闯入眼帘。看着看着，有点害怕，好像到了另外一个星球，容易胡思乱想：会不会有外星人突然将我一把抓走？"回忆起去年的南极之旅，见多了奇山异水的黄国伟说出了他当时的忐忑。

2012年11月29日，黄国伟等从北京出发，飞越大半个地球，一路向南；自阿根廷上船，继续南下。睡梦中，有人大喊："南极到了！"黄国伟赶忙拿出长镜头瞄向窗外，"第一眼看到的南极，远处，有浮冰，慢慢地飘着。渐渐就看到冰山。阳光灿烂。内心颤抖。很期待能看到企鹅、鲸鱼、海豹。"女孩子都在欢呼。有人感动得流泪。

南极之魅

> 这些事业有成的人，听从内心召唤，走向远方。幸运的是，这是一次真正没有尽头的旅程。幸运的是，他们无一人失望，满载而归。

这些人最初对南极的了解大都止步于企鹅。去过南极的游客乐于互称"鹅友"。"鹅友"们大部分是事业有成者，"有钱，而且有闲"。同黄国伟一起南行的环球旅行家林建勋说，这趟旅行，同行的"鹅友"还有《中国国家地理》杂志社社长李栓科、知名投资人但斌、汉庭酒店的创始人季琦、前排球国家队运动员陈刚、旅行家范毅波等。"去南极就像一种瘾，让你欲罢不能。"林建勋说，他前后已去过5次南极，每次的感受都不一样，"这种没有杂质的、大块的美太震撼了！先震撼视觉，再震撼心灵"。

这些人听从内心召唤，走向远方。不幸的是，这是一次真正没有尽头的旅程。幸运的是，他们无一人失望，满载而归。

"曾经蹄踏171城，死里逃生5次"，宁波人朱以奇喜欢冒险，爬过阿尔卑斯山，对他而言，南极之魅重要的不只是风景，还有一份别样的亲情感怀。

2012年1月，朱以奇经过小半年的努力，终于办下阿根廷的签证，开始了南极之旅。朱以奇告诉笔者，从小父亲带他出门旅行，后来父亲因车祸卧病在床。"我经常去世界各地旅游，就像父亲的一双眼睛和一双腿，我要替他去领略这个世界的精彩。回来给他看我拍的照片，给他讲路上的见闻。让家人分享旅途见闻，其实也是一种幸福的感觉。"

从世界最南端的城市——阿根廷的乌斯怀亚出发，朱以奇与来自世界各地的123个探险者聚集在"远征号"探险船上。第一天，风平浪静地度过。第二天，穿越有"魔鬼海峡"之称的德雷克海峡。船长讲，无数船只在此倾覆海底。果然，风暴如期而至，船只不停颠簸，有人的相机长镜头折断了，有人摔伤了，有人反复呕吐，有人开始吃晕船药。

第四天，终于可以登岛了！岛上苔藓居然不少，绿意盎然。"我们拍了照片后，就开玩笑：身后全是苔藓，别人看了照片后会不会以为我们根本没去过南极，是在哪个动物园拍的？"其实那是一个过程，从群岛，半岛，再到大陆，冰雪逐次丰厚。

"南极给人的印象往往是寒冷、危险、冰天雪地，摇摆的企鹅、慵懒的海豹、漫游的海鸟，这些也是我们经常在影视中看到的；但是真正到了南极，你会发现偶有的绿色苔藓、发着蓝光的冰山、乳白色的天空，还有企鹅对着大海长时间发呆，有海鸟间的激烈争食，徒步走在冰雪天地中经常会有很多意外的发现……"

"对于很多人来说，南极是一个巨大的梦想，或者说是自己人生梦想的一个终极载体。"旅行家蔡景晖在南极的船上听探险队员讲起这样一则故事：一个叫安德鲁的美国老头，94岁来到南极，尽管腿脚不灵便，不能滑雪、游泳，但他不错过任何一次登陆。每次他都会静静地看。他告诉好奇的鹅友，他已经去世两年的妻子最大的人生梦想就是到南极。因为种种原因，老太太临终也没有实现她的梦想。于是安德鲁自己来了，"他说，他是替她来的，所以他不能错过任何一个登陆机会；他说，他要用自己的眼睛为她圆梦；他说，他的眼睛后面是她"。

在南极的9天，朱以奇都是住在船上的。每天晚上大家都会聚在船上的酒吧里干杯吟唱，合影留念，交流各国的不同文化。所有的食物都是从阿根廷带过来的，西餐和中餐都有。

朱以奇和安德鲁一样让南极之行充满温情。他准备办一个南极展，"为我的父亲，也为了与他一样也许这辈子永远都去不了南极的人"。他还有一个更大的心愿："南极回来后，我在想，能不能设计一种轮椅，让更多残障人士踏上这块土地，让更多人分享到这份快乐。"

朱以奇的南极展还停留在计划中，而广东摄影家黄楚中却已举办了自己的南极之旅摄影展。"走进南极——黄楚中作品展"于2013年4月3日—29日在广州榕树头文化艺术中心举办。"我们是2012年11月去的南极，70个游客，都算是比较富有的人，大家都是发烧友，我是指导。"这个做过相片冲印和婚纱影楼生意的摄影家，从20世纪80年代初就钟情摄影，获奖无数。现在他将摄影当成主业，生意交给别人打理。"大雪山，大冰川，颜色单纯，黑白的企鹅也不怕人，憨憨地看着你。因为它们是主人，我们是客人。那种视觉的通透，让我至今难忘。很多人很激动，穿上泳衣，玩跳水。"

黄国伟印象深刻的是一个大家喊"诗姐"的人，在去南极的船上，整天就拿着DV，她拍完景，再让别人拍她，她每天写一首关于南极的诗，对着DV念，"南极让她癫狂"。

南极禁忌

如果说有一个地方特别适用于那句格言——除了照片,不带走任何东西;除了脚印,不留下任何印记——那一定是南极了。

每年11月至次年3月是南极的夏天,也是南极旅游季。这时,南极圈全日白昼,天气相对温和,鲜有大风,野生动物也趁机在冰川大陆上晒太阳,是游客观赏南极风景的最佳时机。

"当初以为很冷,衣服带了很多,以为是零下二三十度。" 黄楚中说,出发前,其实每个人都知道,譬如要防紫外线。"当时为了拍到更好的照片,我都是逆光拍,脸对着太阳。谁知南极太阳紫外线非常厉害,过了几天,脸被灼伤,开始脱皮,非常厉害。"

"其次,要注意防水。在上登陆艇时,浪打得整个人都湿湿的,风一吹,冷死人。"黄楚中说,一般来讲,每天没有大浪就让登陆。上午一次,下午一次,每次两小时左右。在登陆时,他们必须沿着事先探测好的线路,"只要不是企鹅主动靠近你,与企鹅的距离最小不能小于五米"。雪地上行走,"一路上不能扔垃圾,用完的纸巾都放到自己的袋子里"。

"你没从南极带回一点纪念品,譬如石头?"面对笔者的提问,黄楚中赶紧说:"那不可能,下船时已被告知,游客是不能带走诸如石头、化石等在内的任何东西的,"再说南极裸露的地方本来就少,石头是企鹅筑巢求偶的必需品。和那么可爱的动物抢石头,有点残忍"。

1961年生效的《南极条约》对环境保护做出了严格规定,"可以说南极是世界上环保规定最严的地域。"林建勋说,从这个意义上说,每个人到南极的旅程,就是对爱护地球和环保的一次践行。譬如,所有到南极的游客不能向船外扔任何垃圾。譬如,每次登陆之前和登陆之后要消毒靴子,不能将任何外来物种带入南极;譬如不准野外排泄,禁止燃烧任何物品，不得在石头或建筑上涂鸦。当然，高声喧哗，投喂动物甚至熊抱企鹅，这些都是绝对不允许的。

蔡景晖说在南极清除垃圾是一桩极为重要的事情，他提及探路者创始人王静的故事。她身家过亿，是第一个从南坡登顶珠峰的中国内地女性。王静曾在南极见到最为彻底的垃圾清理行动——不但打扫营地附近的火柴棍、烟头和纸巾，那些油污、尿液和厨房剩水以及被污染的脏雪也要铲进垃圾袋，运到几千公里外的城市再次处理。"把这些渗透在雪地里的脏雪挖出来是一项很大的工程，因为这些污染源深达一米多。"

2014年，是一个南极被经常提及的年份。这一年，有关环境保护和限制各国在南极采矿的《南极条约》将失效。蔡景晖说："如果这个限制被打破，那么可以想见，各国、各利益集团对于能源财富的贪婪和攫取才是圣地真正的梦魇。"

变化之喜

> 每个人心中都有一个别样的南极。"去过南极，它会改变你的思想和你对生活的看法，而从你踏上这片土地的那一天开始，改变，就已悄然开始。"

朱以奇的英语不太"灵光"，但他自我感觉在旅途中与别人交流得还不错，"碰到的很多人的英语也一般，只要用心去沟通了，都没问题"。在去南极的船上，朱以奇认识了一位67岁的墨尔本"老顽童"，走了140多个国家，"我叫他墨尔本boy，他叫我宁波boy"。他是在一个地方教英语，然后去世界各地旅游；又换一个城市教英语，再去旅行。

还有一对夫妇，在去南极的船上一直坐着，也没有相机。"我就大概问了下，他们已经相识很多年了，今年终于达成去南极的夙愿。男的从北美骑摩托车来，可能年轻时是嬉皮之类；女的从美国坐飞机，一前一后赶到乌斯怀亚，然后在港口会合坐船。"朱以奇问他们为什么没相机（带长焦镜头的基本是中国人，很少看到外国人带长焦，但不带相机的很少），那个男的噼里啪啦讲了一通，大意如下："你们在拍照时，看自己的相片时，很多风景就流失了，我比你们看的风景至少多一倍。""我说我们拍的相片可以留念，可以给朋友分享，他说：'我看到的全留在脑海里。'"与此人相比，朱以奇顿时觉得自己的境界相形见绌！

"旅游其实你去我去都差不多，关键是在那里碰到谁，就像在那里阅读了很多本书。"朱以奇的南极之旅意想不到的收获是，居然不经意间把十几年的烟瘾给戒了。

在他看来，主要原因有两点：第一个是赏景和与人沟通让自己没了时间去抽烟；第二个是这艘船上碰到的人影响了他的健康观。去南极船上的人每天讨论的是关于在哪个坡用多长时间登顶珠峰、乘坐核动力破冰船抵达正北90°地球之巅有多兴奋；8月是否有"档期"去非洲追踪动物大迁徙，以及乞力马扎罗山的几种登法等问题，"你会发现自己越来越小、越来越弱，如果不注重健康，如何去体验这样的生活？"

"回国后，我对自身环境的要求更高了。不想在城市和他们争空间。"朱以奇将办公室搬到了近郊古镇慈城。"那里空气好，负离子很高。"朱以奇说，"我要写一本书，名叫《我在南极遇到谁》，放进设计轮椅的这个事情，让看到这本书的人，除了能领略南极的风景外，还能关注残障人士。比如你在开车，听到后面有救护车的声音要自动让开，看到路上有残障人士通过要主动帮助或者让行，如果有更多的闲暇时间和能力，可以参与到我们的无障碍生活工作室。如此，人生也会增加一份意义，而不是看完美景后走掉了。"立志帮助残障人士找回生活的尊严和快乐成为朱以奇从南极回来后价值观的最大转变，于是有了受邀在

TED × Moonlake（美国知名演讲论坛）上的畅想——《我在南极遇上了谁》，讲述如何研制新型的轮椅和人体支撑系统。不久他就在宁波慈城创立了宁波生活方式研究院及无障碍生活工作室，致力于以民间的力量来推动无障碍生活解决方案及执行。

在去南极的船上，每天晚上两三点，黄国伟都会走到甲板上，到船头和船尾看一看，"那种感觉很舒服。一片寂静，一个其他人都没有"。在南极天堂湾，黄国伟感觉好像到了另外一个星球，"那里有很多浮冰，是上万年的浮冰，感觉整个人的思想被过滤了，就觉得对很多东西不要太计较了，有这样的顿悟。经过这一次洗礼，人就不一样了"。回到现实环境，黄国伟教育女儿用东西不要浪费，说话要小声，不要影响到别人；慢慢培养她，不要和别人抢。"不是说别人跟你抢你要抢回来，打架要打回去，你要学会等。"黄国伟说，"以前出去拍照，我都会把胶片的盒子收好再扔，不会随便扔的。现在拍照看到别人扔垃圾我也会捡起来，一捡起来他就会觉得不好意思了。我不会随口批评他，要捡起来去影响他。"

黄楚中的家在广州番禺郊外一个高档小区里，"南极回来，我更关心城市的环境问题。城市里，人太多，房子太多，人的压抑感无处不在。一有空，我就开车到郊外，吹吹风，非常舒服。我这人本来就是将爱好当主业的人，南极之行，又让我看淡了生意场的得失，也多了对合作伙伴的宽容"。

"鹅友"相逢

南极，不只有壮丽的景色和可爱的动物，那些去过南极的"鹅友"，在世界的尽头展示了生命的种种可能性，而后，在世俗生活中，多了份欣赏与合作。

2005年12月28日01时05分，华润"超越极限"探险队一行六人抵达南极点，随后，五星红旗、香港特别行政区区旗、广西崇左生物多样性保护基地徽标旗等十几面大旗在南极点上空随风飘扬。抵达南极点也意味着探险队员王石完成了"7+2"（攀登七大洲最高峰，且徒步到达南北两极点的极限探险活动）的探险征程，目前全世界只有10个人完成此项探险，时年54岁的王石是其中年龄最大的。

在徒步南极的路上，王石与队友讨论到达极点后要做什么事情，几个年轻人提议脱光衣服。等真的到了极点的时候，没人提这个话茬了。王石就问，不是说好脱衣服了吗，怎么不脱？大家都说太冷了，王石就讲，你们不脱我可脱了啊。他们都说，如果老王脱，我们一定脱。在那么一股子兴奋劲儿下，王石真的脱起了衣服，最后大家全脱了，而且还光着膀子躺到雪地上，当时气温在零下26度左右。

这张王石光膀子的照片，在一次慈善拍卖活动中被深圳知名投资人但斌竞拍到，现在还放在他的办公室里。2012年11月，但斌前往南极，在"鹅友"的鼓励下，"裸露上身表达对南极的敬意"。黄国伟与但斌同船，在他眼里，但斌这个"中国巴菲特"很低调，很随意，跟谁都可以聊天，"他是一个微博控。在船上一有信号他就发微博。他还是唯一一个没有带相机的人，全程用苹果手机拍照"。

那次南极之行，黄国伟与但斌、玩家洪昊等分为一组，而且身肩队长之责，他说："洪昊去过世界很多地方，兴趣广泛，喜欢品红酒，对高尔夫球、电影都很精通，心态也很好，平易近人，跟谁都合得来。"江苏企业家颜培玲则是一个性情中人，"喜欢玩和看书，懂得生活"。

但斌回到深圳，深圳"鹅友"们专门组织了一个圈子，不定期聚会。而黄楚中、黄国伟，也时常接到"鹅友"的饭局或茶局邀约。"有了南极的经历，大家在某些层面上有了共鸣，彼此有共同话题。"黄楚中说，一起玩得愉快，不排除以后合作做生意的可能。

在林建勋看来，去过南极的中国富豪大致有两类出行方式。一类通过旅行社组织，譬如但斌、黄楚中、洪昊、颜培玲都是以此方式抵达南极；一类是自助探险类，譬如王石，已经基本具备专业探险运动员的素质，能克服许多户外活动遇到的危情。"探路者创始人王静，则拥有女版王石的探险故事。" 蔡景辉第一次见到王静是她参加旅游卫视的《勇闯南北极》。王静从全国近万名海选的参赛者中脱颖而出，如愿去了北极，之后又去了南极。

"我最喜欢讲的那句话：艰苦和艰险是两回事。探险的地方我不会去，譬如登珠穆朗玛峰。虽然我没去过珠峰，但我要看自己的能力。而艰苦的地方，当你去过后，就感觉到，原来自己还行的，正好，南极就属于这类地方。晕船？没关系，我自己吃一点药就可以了。"黄楚中道出了一些企业家的想法，在他看来，风险可控，才是他行动的前提。

无论以哪种形式到南极，阿根廷的乌斯怀亚是他们必经的城市。这个距离南极最近的城市，"走到街上，到处是旅行社的南极游信息。等待最后一分钟的（低价）船票，是很多背包客在乌斯怀亚逗留的原因。"各类人群，各种文化，在此交融；生机勃勃的涂鸦，颠倒众生的传奇，每日上演。

圆梦价值

在个性释放的年代，圆梦，是一种生意，"在这个时候，人拥抱了梦想了，就不在乎钱了"。林建勋的任务，则是不停地让自己的服务更专业，多渠道融合资源，帮他们兑现梦想。

1966年，林德布拉德开创的教育探险旅行，让南极不再属于探险家，大众也有机会圆自己的南极梦。林德布拉德因倡导生态旅行而获得瑞典"皇家北极星骑士勋章"等多项荣誉，也曾被评为有史以来最伟大的20名探险家之一。"很多人认为，南极是最后一片净土、人类的圣地，要严格保护起来，不允许一个人来；而林德布拉德认为，我们无法去保护一个我们根本一无所知的东西。"林建勋说，如今，林德布拉德开创的由专家组成的探险队已经成为南极邮轮的标配，这种富于教育性的探险旅行也演变为南极游的主流。

"这种旅游，重要的价值就是自由、放松，可以将人性化的东西释放出来。"林建勋创立的德迈国际是国内最早经营南极游的专业旅行机构之一。他很早就预测到个性旅游方式的市场潜力。在他看来，"不管去探险，还是去悠闲游、家庭游，你有什么兴趣，比如说你喜欢抽雪茄，那我带你去古巴抽雪茄；喜欢喝咖啡，那我们一起去纽约，把纽约的咖啡馆都转一圈，找当地最有特色的。这是很人性化很有个性的东西。在这个时候，人拥抱了梦想了，就不在乎钱了。"

从2009年开始，林建勋试水国内南极游市场，已有5年南极项目运作经验的他，先后组织了17个团、约700人次到达南极。"我见到年纪最大的是一位73岁的云南画家，他的太太也跟着去了。这位69岁的老太太平时在市内开跑车。"在林建勋眼里，南极的中国游客基本属于"咖啡和奶油里面最上层的"，虽不是社会上最有钱的，但他们都拥有探险猎奇的共同心理。

关于南极游客在中国的分布规律，林建勋说："北京和华南区实际上是最多的，浙江和福建的也不少。这些地区，都是财富聚集地区，富豪多。江浙和福建沿海，历来有冒险的传统；陕西的南极游客也很多，能源大省，有钱人不少，头几年去西藏的多是陕西人，开着车就走了；上海人保守，去南极的很少；湖南人本来是爱冒险的，以前湖南人蹦极是最积极的，但去南北极的很少，这个与生活的悠游状态有关。"

"到过南极的人数，相对地球总人口，毕竟是少之又少。"林建勋说，尽管有刷爆几张信用卡达成南极游的白领一族，但以企业家为核心的高收入人群依然是南极游的主体。

像林建勋这样能将南极游做出品牌的人，在国内为数很少，而广州是这类人的聚集地。2010年2月，广州某旅行社就成功组织了第一批中国游客前往南极。为了打开市场，这些公司基本上采取与高端机构合作以及互联网营销的方式，寻找合适的客户。"譬如与私人银行、豪华车的零售商等联手，推销南极游。银行也需要活跃这些客户，要想方设法服务这些客户，而南极游就是一个不错的卖点。"而邀请知名专家，随船为客户进行免费指导，则成为一种常见的增值服务。"这些有钱人基本也是发烧友。"黄楚中、黄国伟也乐意传授自己的心得与实战技巧。以后，也许他俩会与有些"鹅友"再次相逢，不过，下次目的地，可能不是南极，而是北极。这两位在圈内颇有声望的老师已经分别接到去北极旅游的邀约。

朱以奇与南极的缘分尚未结束，他觉得自己在南极没有像外国人那样惬意地划皮划艇有些遗憾，现在他在学皮划艇，希望下次去南极一展身手。"我还打算带着儿子去。我联系了船长，他说去南极年龄最小要7岁，太小了就没有记忆。让他的视野和心灵更开阔一点儿，这是我父亲的想法，也是我的想法。"

夜宴——跻身上流的时尚法门

以晚宴的形式，嫁接慈善拍卖、商务答谢、时尚派对，成为当下中国有钱有闲阶层一种时尚的社交方式。这是一种"王的盛宴"，往来无白丁，出入有心意——明星以华服展示个人品位；巨商以拍卖彰显爱心或财力；商家以规格展示品牌形象；而有些混迹其间的人正在达成自己的秘密心愿——要么想结识权贵，达成交易；要么只想变成声色犬马的社交动物。场内流光溢彩，觥筹交错间各得其所。这是时尚而别致的中国式社交——吃喝不再重要，拉近关系和展示关系才是重点。日益勃发的名流晚宴，迅速演化为中国最光鲜最势利的名利场，亦成为各类精英跻身上流社会的一种重要标志。

特稿　精英的盛宴

自古以来，宴席，就是中国人呈现社交学的一种形式，如今亦是，且愈演愈烈。明星、商贾、名流……这些精英阶层亦概莫能外。

2007年9月12日的那次晚宴，令黄晓明记忆犹新。这是黄晓明第一次受邀参加"BAZAAR明星慈善夜"。现场星光熠熠，为历年之最，章子怡、黄晓明、赵薇、周迅、李冰冰、陈坤等百位中国一线明星、著名企业家和社会名流汇聚一堂。

黄晓明对腕表情有独钟。当晚十件拍品里就有三款腕表。前面两款竞拍失利，第三块腕表登场，他与李湘开始"较劲"。"因为主持人的乌龙，最后造成两人合作共拍一件物品的趣事。"当时黄晓明出价10万元，李湘出价13万元，而主持人听成李湘出价30万元。台下明星笑成一团，黄晓明则说："我提议与李湘一起以30万元拍下。出席就是想要捐点钱出来的，拍品钱我出一半，腕表归李湘所有。"

自黄晓明开创了两人合作竞拍后，其他明星纷纷仿效，当晚共筹得善款750万元。自此后，黄晓明每年都会成为这个中国当今"最高规格的慈善盛典"的座上客。

"既是一种荣耀，又是一种慈悲"

做慈善是明星维护社会形象的一种重要方式，他们不会拒绝这种公开的秀场。再说，不费金钱和气力，结交新朋友，"很划算的买卖"。

2012年9月1日，黄晓明第6次参加"BAZAAR明星慈善夜"。慈善拍卖晚会正式开始之前，百位明星一一红毯亮相。成龙怀里搂着两只熊猫公仔，这两只熊猫公仔分别名叫LA和ZY，已经陪他走遍世界各地，曾和众多知名人士合过影，"过几年，我打算把它们拍卖出去，筹得的善款会捐助慈善事业"。

在黄晓明看来，晚会上最有意思的一个环节就是号召众位明星举牌参与"拍卖自己的一天时间"，明星拍出的这一天时间将被用于拍摄儿童公益短片。刘亦菲当即举牌拍出了自己的一天时间，用行动诠释了她对于慈善的理解："慈善跟形式没有关系，是从心出发，跟着做就好，只要心中有这个概念，肯定会惠及他人。"

最令人关注的是，成龙以50万元的价格拍得了一对Bottega Veneta的情侣款手包，当场送给了台下的李冰冰，随后李冰冰也以20万元的价格拍下了成龙捐赠的1953年的茅台酒。

"这么多年，我在'BAZAAR明星慈善夜'晚宴上，拍下过手表、项链，还有名人字画等，我把它们全都送给了我妈妈。"黄晓明说，"她是个很勤俭持家的人，平时不太喜欢我送她昂贵的礼物，但是每次收到我从晚宴上拍得的这些名品时，她都很开心地说这'既是一种荣耀，又是一种慈悲'。"

"BAZAAR明星慈善夜"在中国上流社会影响深远。尽管这个明星秀场被幕后操办人苏芒赋以"顶尖任务、晚会性质、国际化、高规格"的价值，但仍有不少明星开始自办慈善晚宴，以个人的票房影响力与人脉资源挑战"BAZAAR明星慈善夜"的江湖地位。

从明星参加，到明星举办

具有资源动员能力的明星也开始举办名流晚宴。这不仅关系到明星本人在圈内的人缘好坏，也考验明星其他的社会资源，譬如他们与政府部门、商业机构的关系。

2012年5月27日，是李亚鹏与王菲的孩子李嫣6岁生日，"嫣然天使基金慈善晚宴"亦在当天举办。晚宴云集刘嘉玲等100位明星、200位企业家倾情竞拍。当晚举办的慈善拍卖会上，尽管"天后"王菲一如惯常，未开"金口"，仍募捐到5460万元善款。这个记录创中国大陆慈善晚宴募款之最，同年举办的"BAZAAR明星慈善夜"筹款总额才近5000万元。这也是

黄晓明每年都会成为"BAZAAR明星慈善夜"
的座上客。

继2006年、2007年、2009年之后李亚鹏夫妇举办的第四届慈善夜。

如此募款动员能力出乎很多旁观者所料。"嫣然天使基金慈善晚宴"
源自李亚鹏治愈爱女李嫣疾病的经历。2006年12月26日,首届"嫣然天使基
金慈善晚宴"上,那英、赵薇、刘嘉玲、张纪中等众多李亚鹏王菲的圈内好
友,影视及房地产等商界企业家悉数出席。现场义卖获得近845万元。

李亚鹏与王菲可谓最早以个人之力邀约名流举办慈善晚宴的大陆明
星。如果说李亚鹏夫妇举办慈善晚宴的缘由是基于家人的际遇,那么邬君
梅开设慈善晚宴,更多的是源于自己的性情。从《宋家皇朝》到《建国大
业》,被赞誉为"宋美龄专业户"的邬君梅,容貌颇有东方女性的细致、

精巧，性格却豪爽、洋派。多年的奋斗、机遇加才华使邬君梅从中国走向了世界。2009年，邬君梅发起了"邬君梅和朋友们爱心教育基金"，举办明星名流慈善高尔夫邀请赛及慈善拍卖会，募集来的善款主要用来资助贫困高中生。对她而言，公益活动其实是一种互相帮助："每次参与慈善活动，都会有'接地气'的感觉，让我了解更真实的社会，看似我在帮助别人，其实他们也启发了我。"这种由明星私人承办的晚宴尤其是慈善性质的活动，在大陆会愈来愈多。"其实我也算是办过慈善晚宴的，只是限于很亲密的朋友参加。"黄晓明说他在2010年5月搞过一个小型的红酒慈善拍卖，时间很短，一共就筹了14.5万元，"我们就把这些钱都捐给玉树地震灾区了"。

觥筹交错，各得其所

名流晚宴在中国的兴盛与高端品牌的竞争密不可分。他们或赞助晚宴，或主办晚宴，意图直接锁定目标客户。而各类晚宴，无论主题是慈善还是商务，到了最后莫不是一种关系的调和。

"我的父亲在我很小的时候就给我树立了榜样，他一生都在捐赠。我的3个孩子都从事慈善，每人管理一个慈善基金会。我给他们每个基金会捐赠了10亿美元。" 2010年9月29日晚，巴菲特在北京昌平拉斐特城堡庄园对50位中国商界、慈善界人士讲话。晚宴前，有人传言，他会向中国富豪"劝捐"，一时惊扰中国上流社会，"有一半富豪拒绝出席"的消息四处流传。事实上，巴菲特没有向任何人募捐，他向参加晚宴的中国富豪温和地道明来意：慈善捐赠是很私人的决定，此次来中国只是和大家分享经验。

这次晚宴，如一面镜子，映照出晚宴在当下中国的生存现状：它更多时候是人情活动，因为要给主办方面子，所以明星和富豪就来了；因为总要表示一下爱心，所以干脆就竞买件东西。

以目前来看，各种组织和个人举办的慈善晚宴占据了名流晚宴的大半壁江山；时尚奢侈品牌因答谢或聚拢客户而举办商务晚宴，亦呈日益增多趋势。在专门做富豪飞机生意的亚飞太平洋有限公司总裁伍振东看来，所谓的名流晚宴，其实就是一些从经济基础角度评定的高端人群，为了某种共同的目的，或者受到某一方的邀请而参加的圈层聚会。

知名艺术家瞿广慈早在20世纪90年代就开始参加各种名流晚宴。仅2012年，瞿广慈就参加了二十多场晚宴，捐出的作品《站在高岗上》被杨澜夫妇竞拍下。"参加过的晚宴，印象很深的，譬如出席2011年底的DIOR晚宴，露天的帐篷；2012年VOGUE晚宴，张曼玉的歌唱表演令人惊艳。"

瞿广慈参加过中西各类名流晚宴，他归纳名流晚宴的举办至少需要三个必要条件。其一，要有所谓的"名流"，就是各行业的领袖人物、社交圈的达人；其二，要有一定的主题，譬如或慈善拍卖，或成人礼舞会，或商务答谢，或私人派对；其三，在形式和规模上要显得尽量高端，有水准。

刘涛是某知名珠宝品牌全国代理商，赞助名流晚宴是其很重要的营销方式，他的主要活动场地是二三线城市。在他看来，一场典型二三线城市的名流晚宴模式如下：选择某奢华私人会所；邀请数十位知名企业老板，或慈善拍卖，以珠宝或其他奢侈品鉴赏为主题；宴会节目表演高端，有一线明星助阵。"明星增加关注，富商带来资金，在很多情况下，名流晚宴成为各类攀结豪门的人士最喜欢混迹的地方。"

混好晚宴，注意吃穿

主人的菜品，嘉宾的衣着，自然是名流晚宴的看点。浮华名利场，同样也讲求礼仪。一个晚宴达人或派对动物，当然要注意江湖规则。

MTV当红主持人朱珠在2013年1月31日登陆全国的科幻巨制《云图》中饰演了科学家思科·史密斯的侄女梅根·史密斯。但令她名动江湖的是其意大利尤文老板前女友的身份。"我在上海的一个派对认识拉波，当时交谈并不多，凑巧的后来又一次相遇，发现我们有很多共同话题。"走秀电影节红地毯，参加私人派对，两人曾出双入对，闪现于各类晚宴现场。在她印象中，国际晚宴通常晚上七点至八点开始，有时甚至迟至九点才开始。晚宴最初的一小时通常是鸡尾酒会，用意是让宾客暖场、相互介绍，特别是认识同桌的异性朋友。

既然为晚宴，菜品自然是重中之重。香港名厨黄长根是一位拥有四十多年制作粤菜经验的大师级厨师，曾在香港担任多家酒店的主厨，众多香港知名艺人既是黄先生的客人，更是他的朋友。比如曾志伟、林保怡、周星驰等明星，每次来上海都要到扬子江万丽大酒店喝一喝黄师傅煲的汤，尝一尝黄师傅做的菜。在香港和内地，黄长根是不少名流晚宴的幕后总厨。

"名人的晚宴，尤其外国的，我们作为主厨不方便在宴会上接近他们。有些熟客或VIP客人是中国人，我们可以跟他交流。做完菜以后，我会主动和客人打招呼，询问菜怎么样。"黄长根说，"很多客人包括明星朋友，关系熟了以后，就跟我说，不用看菜单，完全相信我们。"

晚宴的礼服自然是名流展示形象的关键。80后新锐设计师兰玉专长高级礼服定制。霍思燕亮相柏林电影节的玫红礼服、黄圣依亮相威尼斯电影节的"天珠装"、张梓琳戛纳电影节"深V透视蕾丝装"等更是让她蜚声中外。"红毯礼服只是站着摆几个pose，所以对整个体态美要求更高些，不需要有实用性的价值，也不需要近看——比如大露背或者是低胸啊，只要美，尽情地去美。但是，晚宴礼服就需要有很多实用的要求，比如，慈善晚宴有可能会举牌，必须要有手抬高的要求。很多嘉宾都在一起，近距离看时不能太暴露，像低胸就容易出问题。"

2011年，兰玉给模特出身的明星张梓琳设计过一款孔雀绿的礼服，在2011年上海电影节大放异彩。2012年，张梓琳又一次参加上海电影节，在一场专为修复老影片而筹款的晚宴上，张梓琳将礼服捐出，拍得几十万元。为黄圣依设计威尼斯电影节走秀的礼服，兰玉颇费周折。当时黄圣依刚皈依，得到了一颗价值上亿元的天珠，想戴上。她将兰玉初次设计的礼服取名"天珠装"。"我觉得自己的设计不太理想，但是她非常满意。我们最早设计的礼服是她在电影节期间穿的第二件，香槟色的那件，毛的，下面全透明。我当时就特别着急。因为它跟天珠不配。那件是完全西式的，而天珠是很神圣的，你穿了一件露腿露到腰的衣服也不太好。"当时时间很紧，兰玉就专门请西藏的朋友坐飞机送来两件藏族女孩聚会时候的盛装。兰玉拆碎衣服，用中国红的面料做底坯，再将拆下的材料直接在底坯上拼。加班一周，礼服赶制出来。再配天珠，黄圣依觉得是相得益彰。

不同的晚宴难题

邀请明星、商人，排定座位，是难题；维护好各自的公众形象亦是难题。嫁接西方的名流晚宴，难逃名利场的各种非议，即便是慈善拍卖的晚宴。

做一场晚会最难的是什么？不同的操办人，有不同的烦恼。对于周采茨而言，最难的是细节。周采茨是名门之后，丈夫又是香港名流，两夫妻在国外拥有广泛的人脉。"我要求各个环节都要完美。"周采茨举办上海国际元媛舞会，早在晚宴一年前，她就前往举办地半岛酒店与行政总厨特伦斯（Terrence）探讨菜单、时间、流程等，甚至到舞会前一天还在讨论落实细节。而对于邬君梅来说，重点则是个人与明星的档期。"2011年那次活动，伊能静坐了5个小时的车赶过来，放弃了周末回去看儿子的时间。赵宝刚更是因为这个邀请赛没有去参加自己导演的电视剧《男人帮》的宣传。"好朋友如此挺她，邬君梅得意地归结为自己人缘好，"实在是太有面子了！"

这种大型的名流晚宴，一切准备就绪后，还让人操心的是嘉宾的座位次序——谁最后不来，席位要撤掉，谁要赶紧补位。"明星、名流、品牌高层的比例要合适，还要考虑他们每个人之间的关系，坐在一起是否有话题？有没有过节？会不会尴尬？"操办过名流晚宴的刘涛说，这些都是考验组织者智商和情商的问题。

冯小刚是中国名流晚宴的常客，尽管他本人捐过油画等拍品，也竞拍过，但他能直斥参加慈善晚宴的人是"假贵族"。在 2012年11月《锵锵三人行》中，他说："我经常被邀请参加一些活动。虽然我现在是发了小财，但我始终感觉我跟他们不是一个圈子。"他觉得慈善晚宴嫁接到中国，总不知道哪里不自在。"虽然女人都露个背，弄得和国外一个样，慈善晚会，我感觉总像比阔。实际的结果它也搜刮了不少钱，但给老百姓一种感觉：这帮孙子干吗呢？跟着比阔呢，买根圆珠笔送他爸。"传言冯小刚前几年准备筹拍一部讽刺名流晚宴的电影，因老板王中军是晚宴常客，只好作罢。在谈话节目《锵锵三人行》中，窦文涛说冯小刚每次参加聚会，明星一大帮，冯小刚总是告诫大家说要小心点。冯小刚承认这是因为自己"缺乏安全感"，"这也和我们的民族性有关系，我们太看不得别人比咱们好。活得比别人好，要收着点，在眼前晃，老百姓就不舒服。"

冯小刚的观念，邬君梅恐怕不太认同。无论是带着孩子们回报社会，还是大张旗鼓地为了慈善而举办高尔夫邀请赛及拍卖晚宴，邬君梅所做的公益事业始终看上去很高调，"明星和普通人是不一样的，我们可以用自己的公众影响力引导更多的人加入进来，作为公众人物，刻意的低调反而有些做作，没多大意思。"

晚宴达人黄晓明则没有冯小刚式的顾虑，他在意的是行动的力量。"如果以后有机会，我想搞一个大型的慈善晚宴。希望那些被我资助过的人也能来到现场，我想让朋友们看看慈善的力量能给人带来多大的改变，这样能感染更多的朋友参与到这个事业中来。"黄晓明告诉笔者，到时，他除了多捐赠外，也发动有能力的朋友都带一些东西来拍卖，甚至让有才华的朋友当场定制一些独一无二的东西来拍卖。"这些拍卖款定向资助。虽然这些还只是设想，但其实都已经提上了日程，我期待这一天能尽早到来。"

邬君梅所做的公益事业看上去始终很高调。

传道——以财富赞助思想

在拥有不菲的财富与人脉资源之后，一部分企业家出身的社会精英出于个人志趣，或组织读书沙龙，或资助学者研究，在非物质领域开拓着属于自己的话语空间。相对于物质意义上的慈善，这些企业家更有兴趣探究知识的分享、智慧的传播，进而介入公众事务。他们自觉不自觉地输出个人的价值观，建构起跨界的话语权力，进而影响社会。他们是转型期中国精英阶层新思维的代表。

事件　北京的文化夜场

在任志强的设计中，读书沙龙是要拉近精英与大众之间的距离，最终让读者养成独立思考的习惯。任氏公益，与其话语方式一样，从来是坚硬的——敢碰硬，不迎合。

"在商界经历了30年残酷的磨炼，我们彼此间需要交流，也需要让年轻人来了解我们。"精力旺盛的王巍是万盟投资管理公司总裁，同时还是全国工商联并购协会会长，他与华远地产的掌门人任志强，每年能接到无数论坛、沙龙的邀请，但"上心的不多"。任志强在论坛上埋头狂发微博已成大众熟悉的标志性场景。如今还真没有一件事能像中国金融博物馆书院的读书会那样能激发他们难得的热情。

张维迎悄悄落座于观众席

中国金融博物馆书院读书会的沙龙活动，是任志强每年重要的文化"例牌"。这是任志强甚为看重的"文化夜场"。华远地产作为读书会的北京主场，专门将自家的多功能厅改造成一个演播厅。

每期读书会伴随着微博传播赢得不少网友的追捧，在不限身份、实名申请即可免费参加的沙龙活动上，除了学生群体，还能看到中老年人。据任志强介绍，政府官员、中小企业主、专业领域精英不在少数。他们要传

耶鲁大学终身教授陈志武的专业领域为股票、
债券、期货和期权市场以及宏观经济。

递的正是学者、企业家在各自领域所收获的精神食粮，这亦是吸引众多听众的主要原因。

2011年12月20日17点30分，位于北京展览馆后街的华远地产总部的一间室内多功能厅里，工作人员忙着做最后的设备调试。"总管"任志强正在楼上以工作餐招呼当晚活动的主角——耶鲁大学终身教授陈志武、知名媒体人许知远等。这是一个普通的周二傍晚，前台小姐已经习惯了这种加班模式，"每次在这里举办读书会的活动，都会忙到晚上11点多"。

精神食粮的分享似乎需要某种介质的催化。有人在现场直播的微博投影中惊喜发现：许知远带着酒气。有人进一步在微博八卦：为了让嘉宾畅所欲言，在共进工作餐时，东道主任志强劝嘉宾喝下不少私藏的红酒。微醺的许知远果然谈兴大发，就金融的价值问题与陈志武缠斗了好几个回合，期间高潮迭起。

小圈子变成大圈子

谈及中国金融博物馆书院的成立，任志强轻描淡写。任志强喜欢读书，在圈内早有名气。2010年5月11日，华远地产公司图书馆正式对内开放，藏书共计1500多册（套），全部藏书及DVD均由华远地产董事长任志强个人捐助。除了公司内部重视读书，他也在企业家朋友圈推荐读书。

"这是个自己送上门的院长。"中国金融博物馆理事长王巍曾这样告诉媒体。中国金融博物馆是并购专家王巍的得意之作，普及金融知识、传播金融的价值，是开馆的基本目的。2011年7月，为在更大范围实现中国金融博物馆与公众的沟通，王巍欲发起一个以金融人、企业家、文化人为主讲人的读书沙龙活动。消息公布出去，只能容纳百名观众的场地，居然有四五百人报名参加。王巍正在发愁，"老任一个电话打过来说：'干脆搬到我那儿去吧！'"

是的，做房地产生意的任志强有的是地方。于是读书会转移到华远中心漂亮的行政楼内。每天定量读书过6万字的任志强当仁不让地担纲了第一期读书会的主讲嘉宾。那天，神情严肃的他，第一次在台上深情地回忆年少时被逼着读《牡丹亭》的经历。

第一场读书会后，任志强就以主人的身份电话邀请柳传志、马云做后几期读书会的主讲人，马云又找了郭广昌和史玉柱。靠着圈内的声望，任志强的读书会开始几期基本不愁主讲嘉宾，被邀请的朋友都能主动邀请"下线"。向来善谈经营哲学、中国式商道的名流，不惹尘埃地"谈谈人生"，观众的反响出人意料地好。这让王巍料想不到：做读书会原本只想聚集小圈子，没想到变成了大圈子。

一个由知名企业家发起的名为"中国金融博物馆书院"的组织，就这样开始不定期地插足文化人遍地的北京"夜生活"。

"办不下去了或者中断了，就是没做好"

尽管"打造金融人、经济学家和社会精英人群的读书夜场"是中国金融博物馆书院的定位，但院长任志强告诉笔者，书院不需要定义，也不会给自己强定一个标准。但聊到开心处，他说他希望更多观众能与知名金融人、企业家分享金融、艺术、历史、文化好书。"通过读书沙龙这个平台，拉近精英人士与大众读者之间的距离，交流读书感悟，分享人生故事"，最终让读者养成独立思考的习惯。至于作为院长的责任，他说："就是我能把每一期（读书沙龙活动）都办下去。当某一期办不下去了或者中断了，就是没做好。"

中国金融博物馆书院要持续性地发展，存在着三大问题。

第一，嘉宾的邀请。目前基本上是以任志强和王巍的个人名义在邀约，熟人好说，没打过交道的就很难协调时间。请人，"最重要的是告诉

中国金融博物馆是并购专家王巍的得意之作。

他我们在干什么。如果他不知道我们在干什么，他为什么要来？他也可能以为我们把书院搞成一种商业行为的东西"。

第二，场地的寻找。作为一项公益事业，自然需要更多人参与，需要能将活动推广到更多城市。但寻找合适场地的问题，一直困扰着任志强。书院的读书沙龙活动目前已在北京、天津、杭州、温州等地举办，北京的活动地点就只有任志强的华远地产总部。

第三，活动的费用。据任志强讲，"办一次至少得七八万块钱，这些场地、人员费用高了去了，你以为随随便便就能搞起来呢！"为了节约费用，同时为了体现公众的参与性，中国金融博物馆书院通过官方微博招募志愿者，每次读书沙龙活动都有志愿者的身影。

以好友身份被邀请来的著名学者金纲，在沙龙讨论期间一直冷眼旁观。会后他以历史学者的冷静口吻告诉笔者，这场沙龙活动不是自己理想中的读书交流会，只是"企业家小范围的一种自我形象塑造"。从功能上说，企业家一定要在社会上发出一种声音，要有自己说话的方式和模式，"这是财富阶层更高的需要"。

纵深　资本大佬的"书生活"

> 或许是中国传统的"士人"情怀使然，这些时代的财富明星总有一种"表达"的冲动，某种意义上来说，这比赚钱更能给他们带来成就感。

一种由企业家本人主导的、注重文化思想传播的社交平台，开始在中国企业家圈里兴起。尽管读书会在城市中很普遍，但主办方多为文化机构，他们操控的沙龙活动有着扩大营销的功利目的。成功商人反而容易放下谋利目的，有志于智思的公益分享。有别于读书会，另一种更为积极主动的影响文化的方式——基金会，则是大佬们正在试水的弘道平台，它更加强调文化传播的专业性与可持续性。

看重书本的价值、思想的分享

经过三十多年时代风浪的拍打，如今功成名就的商人，基本上口才与文采都不错，他们受惠于知识、热爱读书，有的甚至直接著书立说。地产圈内最著名的"作家"莫过于万通的冯仑，他被冠以地产"思想家"之名，造房子不错，发段子出书，亦成绩斐然。潘石屹、王石的文字修养让

任志强喜欢读书，在圈内早有名气。

人颇感惊艳，他们各自的企业主办的企业内刊《SOHO小报》（后因故停刊）和《万科周刊》以思想性和人文性风靡南北文化圈。曾经是潘石屹、冯仑领导的风险投资家王功权喜欢吟诗弄词，除了微博里间歇露几手填词功夫，私下里亦赞助一家古诗词网站。在微博里，他自称"一个商人加半个文人"。熬吧读书会的创始人柳中谦本身藏书丰富，平日亦资助一本在长沙文艺青年中颇有影响力的电子杂志——《艺文志》……公允地讲，这些企业家，在创富之前就受过高等教育，对思维能力与表达方式有着偏爱；创富期间，知识为其助力，思想让其出众；事业有成后，特别看重书本的价值、思想的分享。

2010—2011年，是中国企业界精英退隐的两年。冯仑卸任董事长，王石游学，柳传志交棒……尽管任志强调侃"老冯不是退休，只是换了张床，换了个睡觉的姿势"，但不能否认，这些资本大佬愿意开始人生的另一行程。王石的游学心得不时出现在个人微博、企业内刊或财经媒体上，冯仑出版了新书《理想丰满》，柳传志的文章散见于媒体……是到了人生要总结、经验要分享的年纪了。

2011年圣诞节前后，连一向严肃刻板的华为公司总裁任正非也按捺不住，在公司内部发表了《一江春水向东流》一文，首次披露了华为成立二十多年来自己的心路历程，文中谈及公司内部治理结构及对将来公司治理的安排。

"今天中国的制度还有很多需要改进和改革的地方，但我们肯定也不希望中国出任何问题，我们希望的是改革，而不是革命。"联想控股董事长柳传志最近在知名时政类媒体上发表《大时代成就企业家》一文，谈及民营企业家在当前的作为，就是"让社会空气和谐湿润"，这是"最重要的，是我们最尽力的"。类似柳传志这样在大众媒体发表对时务的见解，更多的是一种表态与象征，它是精英阶层愈发重视的"武器"。

每一个成功的企业家背后都有一种自我圆通、解释世界的价值观，而价值观的传播无疑是自我实现的最优方案，退隐者最集中体现着这一观念。马斯洛的需求层次论碰到了深藏于中国读书人内心的"三不朽"（立功、立德、立言）敏感地带，传统与现代在此处相逢，电光火石，绝妙共鸣。他们当然需要倾听，需要重新在这个世界划定不是由金钱与物质就能确定的口碑与地位。

"92派"的崛起与独立意识

1988年春天，27岁的王功权从吉林省委机关宣传部辞职，结束了一个体制内的公务员按部就班的人生故事，他要去海南寻找人生大梦。他居然一不小心，成为吉林省改革开放以来正式辞去公职的第一人。1991年，王功权与冯仑、刘军创立海南农业高科技投资公司（万通前身），王功权是法定代表人、总经理，冯仑与刘军是副董事长，王启富是办公室主任，易小迪任总经理助理，后来加入的潘石屹主管财务。此为江湖上赫赫有名的"万通六君子"。

几经周折，尽管"六君子"各奔东西，但各自成为"豪杰"。在媒体上一度沉寂的王功权因名动江湖的"私奔"事件再度闯入舆论中心，但这个已身为投资大佬的企业家，对自己的认识却是"理性的商

自称经济学票友的陈东升，是"92派"这个名词的发明者。

人、感性的公民"。他曾在接受媒体访问时称，自己经商多年，时常会感到知识分子的人文和商业理性的冲突，这种冲突让他很痛苦。他常常会从一个知识分子的角度而非商业的角度去想很多，内心深处的那种对生命的悲悯常常会和无情的商业决定产生尖锐的冲突。

泰康人寿董事长兼CEO陈东升是"92派"这个名词的发明者。"92派"专指1992年邓小平南方之行后成长起来的一批企业家。1992年，一大批在政府机构、科研院所工作的知识分子受南方讲话的影响，纷纷主动下海创业，形成了以陈东升、田源、毛振华、郭凡生、冯仑、王功权、潘石屹、易小迪等为代表的企业家。

他们在时代潮流的冲击下经历过太多的选择与挣扎，他们对精神生活的看重甚于财富生活。王功权曾发微博建议当代青年公民"在一片浮躁的'快餐文化'氛围里，能与众不同地静下心来，读一些有思想和文学深度的大部头经典著作，提高自己的思想能力和人格气质；在一片缺少坚守的环境里，宁可个人利益和机会上有所失，也独善其身"。

清华研究生毕业后在海南闯荡过，后来成为知名商业观察家的伍继延记得很清楚，那时他任职海南省体改办，硕士生易小迪曾经在那里实习，潘石屹则是当时挂靠在体改办下的一家公司的常务副总。伍继延接受笔者采访时说，这群当年戴着"红帽子"（任职于政府机构）和"黑帽子"（工作于学术机构）的人，受过良好的教育，在"黄帽子"（市场经济）的诱惑下，学而优则仕，进而学而优则商，"也许他们相信在商业中能收获到独立与尊严"。海南于是成为"92派"的圣地，好比"抗战中的延安"。

伍继延称，这群受过高等教育的人，衣食无忧后，对现状既满意又不满意，"因为现在的选择，和年轻的梦想有着很大的距离"。于是面临"集体中年危机"，每个人根据自己掌握的条件进行突破。他们更重视文化的价值，要么主动出击，著书立说，干预公共事务；要么赞助文化机构或撰文，做文化思想的沉默推动者；要么推动商会建设，以此催进公民社会的发展。

大佬的天下情怀与现代精神

2007年，招商局集团董事长秦晓拿出上百万元与何迪在香港成立了博源基金会。秦晓任理事长，何迪任总干事。何迪是前瑞银投资银行副主席，前农业部长何康之子，也是秦晓一起长大的好友。

出身高干家庭，曾任政治局委员宋任穷秘书的秦晓，计划利用博源的平台做中长期中国社会和经济转型研究。金融风暴之后，市场上充斥着各种噪音。他们想把代表市场的经济学家集中起来，让决策部门听到真正代表市场的观点。博源基金会开展活动的形式有：组织、支援研究课题，召集年度论坛，组织年度专题讲座及出版专著、论文集等。基金会以自己组织参与研究课题为主，同时也向外部研究机构及个人提供经费，资助符合基金会研究方向的课题。

除了经济、金融话题外，秦晓发起了一场中国现代性话题的讨论，他出人意料地呼吁一场新的启蒙，呼唤社会认同普世价值，并重新审视中国模式论。

秦晓从商人突然变为耀眼的公众人物，始于他在清华百年校庆上的演讲。那时他在演讲中并没有恭维地说些套话，而是大谈大学的功能与大学生的使命，并强调："社会转型不是中国语境中的'现代化建设''国强民富''大国崛起'，而是现代性社会的构建。现代性社会是相对于传统社会而言的，它的主要标志是以'启蒙价值'，即自由、理性、个人权利为价值支撑的，以市场经济、民主政治、法治社会为制度框架的民族国家。"

一位接近秦晓的人士说："博源并不是秦晓心力最集中所在，但这是他的平台。"相比于其他企业家，秦晓，这个自诩为体制内的改革者，在影响公共事务的路上，走得更有章法、更为明确。

秦晓的一位朋友如此解释秦晓的转型：家庭出身与时代际遇注定了他关注的话题绝不局限在一家企业上；个人秉性让他十几岁时就已思考国家前途并介入其中，加上曾经的中南海经历，都让他把目光投向更宏大的视野。这是一种接班人情怀的延续。秦晓以博源基金会的形式，部分地释放了个人关注社会的情怀。

而基金会在国外有着悠久的历史，它是资本大佬影响社会的重要方式。基金会的好处在于，专业的事情交予专业的团队或人去办，而企业家，则不介入公益平台的维系与发展的具体事务中去。企业家只是单纯的出资人，一个赞助项目的关注者。但注册基金会运作这类项目，似乎不太符合国内精英喜欢亲力亲为、在具体操办中感受另一种成就感的霸气作风。

访问　任志强：不能解决无耻，就先解决无知

自诩讲真话且每天定量阅读6万字的"任大炮"任志强，自2011年7月担任中国金融博物馆书院院长以来，半年时间，居然连办8场面向公众的读书沙龙活动。总因被断章取义而习惯被误解的任志强也习惯对抗性思维，面对采访，"不"成为最频繁的回答。他不习惯别人对他进行总结，他不领情，他不认为有不该说真话的时候，因为那是公民权利，更是义务。曾在部队当过参谋的任志强说他不会说假话，领导要靠真实的情报来做决策、下命令。在投入的精力上，他不习惯人们把中国金融博物馆书院与阿拉善SEE生态协会类比，"'阿拉善'要看职务，我当什么官我就干什么

事，这届我没当选的话我就什么也不是，别人让干什么我就干什么，甚至别人让干的事儿我还不一定去"。而中国金融博物馆书院则是任志强的固定"工作"，他认为只要做下去就是最好的读书会。

"请任何一个人都要付出一番心血"

笔者：怎么就想当书院的院长了？

任志强：不是想当，做公益事业，让你当就得当。

笔者：只是个头衔吗？

任志强：对，我们没有任何分工。总要有一个头衔，不然怎么对外啊……从第一次王巍说要发起这个事情，从没有场地开始，我们就提供场地，因为他看到我们有场地，我们具备这个资格，也有这个号召能力。

笔者：你把书院活动看成是公益事业？

任志强：本来就是公益事业。不是公益的谁会给钱啊，办一次至少得七八万块钱，你以为公益就能办得成？你以为随随便便就能搞起来呢？

笔者：有没有长远的规划？

任志强：我们规划就是希望把这个书院办成全国最好的一个读书俱乐部。我们希望它能引起社会的关注，我们要让它超过中央电视台的经济节目——《对话》。我们不认为他们做得很好，所以我们认为有必要提高他们的深度，提高深度的其中一部分在于，像我们这样广泛地去扩大我们的线下受众。

笔者：号召力还没那么强大？

任志强：大家还没形成一种思维习惯。你比如说周文重，他也有很多的理由不来，他有各种各样的工作，但是他来了。最重要是我们要告诉他我们在干什么。如果他不知道我们在干什么，他为什么要来？他也可能以为我们在搞一种商业行为的东西。

"只要能坚持下来就一定是最好的"

笔者：作者希望通过书院来推广自己和作品？

任志强：到目前为止，没有人提出任何商业化的要求，我们的目的也不是为这个，更多的还是考虑到公益和教育问题。我们没有任何的限制，任何人可以从网上申请，来参加活动。我们没有做任何安排，谁愿意来谁就来，这种公益让所有人都是平等地和台上的人站在一个起跑线上。

笔者：你如何定义金融博物馆书院的功能？

任志强：需要定义吗？我们只是希望扩大社会影响，希望办得越来越好。能不能做到就要看所有人支持公益的力度。

笔者：越来越好，好到什么程度？

任志强：只要能做下去，我们就是最好，没有一个人坚持做下去，能坚持做下去就是最好！你们（总认为要）把一个目标设定成伟大的，不，冯仑先生说，伟大是渺小的，有时候渺小就是伟大。能不能坚持下来我们不知道，但是我们只要能坚持下来就一定是最好的。你们还要有什么精益求精？没有，要有的话就不叫最好。

笔者：你当院长所肩负的责任是什么呢？

任志强：就是我能把每一期（读书沙龙活动）都办下去。当某一期办不下去了或者中断了，就是没做好。只要这个书院还能继续办下去，就说明它做好了！

笔者：这个要求很低啊！

任志强：那是你的想法，你们可能以为要多辉煌才叫好，我们说的办下去，就是在保证它的运营质量的情况下把它办下去！我们不是无标准地办下去，我们也不会自己降低标准。

"通过独立思考，你才能更清楚地认识世界"

笔者：那你现在心态是怎样的？玩票呢，还是别的什么？

任志强：之前我们有很多很多的读书会，企业家论坛、中小企业协会、中国企业家俱乐部等好几个组织里，都有读书的圈子。王巍也是我们中间的一个，我们都叫做票友。大家互相选书，互相荐书。

笔者：年轻人获取信息太依赖于网络了？

任志强：不，我们也依赖于网络。但是，年轻人最主要的问题是不系统，他们只看几句话，看几篇文章就下结论。我们说一个什么事，他们可能根本就没听过，但是他们已经开始骂人了，是因为他们无知，或者是因为无耻。我们可能解决不了无耻的问题，但我们可以解决无知的问题。而现在的年轻人很多连无知的问题都没有很好地解决。

笔者：中国金融博物馆书院平台除了启迪年轻人外，还有什么价值？

任志强：不光是年轻人。我们举办读书沙龙活动，参与者中也有六七十岁的老人。哪怕他坐在那儿，我们也让年轻人看到，老人还这样去学习，你们更应该去学习。从现在看中年人占多数。中年人应该清楚，他们可能会选择这样的学习方式。我们能做到的是鼓励你去读书，自己去选书读，希望你自己去独立思考，慢慢会学会，所以我还是强调，我们只是点燃一个火种，把你领进门，打开大门以后怎么走是你的事儿。

"92派"——新士大夫涅槃之旅

　　1992年前后，一批体制内的知识精英，有感于市场经济的魅力，纷纷下海。他们是中国现代企业制度的试水者。在市场经济草创的年代，在规则的缺席下，"92派"企业家尽管"奇招频出"，但仍心怀书生报国的"士大夫"情怀。上有柳传志等势大力沉的商业教父，下有马云等资本雄厚的IT枭雄，"92派"注定是过渡的一代。维护社会诚信公正，追求经济环境的可持续好转，20年来，他们在"92派"身份外，努力地扮演着公共生活中的其他社会角色，"虽距离理想遥远，但不悔当初抉择"。

特稿　"新士大夫"速成记

　　与上一代多出自乡镇企业的创业者相比，这些"弃官从商者"对经济问题有着宏阔的视野，心存理想，一旦生存有望，规范的冲动会随时纳入公司管理的轨道；而与诞生于市场国际化进程中的IT领袖相比，多了压力，"新士大夫"的称谓，相对20年的成长时间，既是荣耀，又是包袱。

　　2012年9月9日下午，毛振华风风火火，迎来送往。这个中国信用评级行业的开创者，在中诚信国际信用评级有限公司成立20周年的日子，如期举办了"中国信用评级行业二十年回顾与展望论坛"。重量级嘉宾云集，经济学家厉以宁、穆迪（国际信用评级最权威机构）董事长麦克·丹尼尔即席发表演讲。会上，毛振华向母校捐款5000万元。20年创业的一幕幕，穿插在他感恩的发言中。

1991年，27岁的国务院研究室干部毛振华在外人眼里，绝对属于仕途光明的青年——15岁考上大学，博士毕业，从副科级到处级，每一轮提拔都是破格。然而就在当年，他认识了中南海最年轻的副局级干部，也是他的师兄卢建。毛振华心中陡生悲凉——卢建虽是最年轻的副局级干部，但他已经37岁了。在权力的金字塔面前，顺利惯了的毛振华居然有些心灰意冷。给领导撰写讲话稿、整理各类工作总结，如此生涯，一眼能望到尽头，在政治舞台上有所作为的可能也很渺茫。毛振华事后感叹："哪怕让我去西藏当个县委书记，我也许都不会下海。"

2007年，毛振华又一次萌生退意。此时他已将中诚信打造为中国信用评级领域的领头羊。他自觉商业上已触天花板，想抽出更多时间潜心学术。他现在派发的名片，"中国人民大学经济学研究所所长"的头衔极为醒目。毛振华在北京西城区最繁华的金融街一间宽大的办公室里，摆放着他的恩师——著名经济学家董辅礽的大幅画像。正是在董辅礽的点拨下，毛振华与同门师兄陈东升、田源各自坚守一个领域，分别挺立于所在行业的潮头。

海南，"92派"的"演习场"

机会遍地的草创市场，激情生猛的热血青年，在海南建省的利好消息下，发生剧烈的"化学反应"。"海南，成为'92派'创业培训的'农民运动讲习所'，完成原始积累的福地。"

毛振华的骚动与自负，与他在海南的经历脱不开干系。1988年海南建省。24岁的副处级干部毛振华从湖北被派往海南，直接参与海南省政府研究中心的组建，负责经济处的工作。"海南省第一个政府工作报告的每一个字都出自我之手。""每一天都是新的，自己写的文字，随时可以变为政策，随时可能成为现实"。那时毛振华天天骑着自行车上下班，"但人很充实"。

在海南期间，毛振华在商业上小试牛刀。在《香港经济导报》海南办事处主任的任上，他出版图书，为报社创收几百万元。不久，毛振华上调中南海，任职国务院研究室。

毛振华与同门师兄陈东升、田源各自坚守
一个领域，分别挺立于所在行业的潮头。

同样是15岁考上大学，亦是1988年赶赴海南的伍继延，当时任职于海南体改办并被委派筹建海南改革发展研究所。"当时冯仑任常务副所长，易小迪曾经在那里实习，潘石屹则是当时挂靠在那个单位下的一家公司的常务副总。" 这些日后在中国地产界甚至整个中国商界声名显赫的人物，亦以海南改革发展研究所为基地，四处出击，试水商海。

作为智囊机构的一份子，伍继延对当年具体"参谋了什么工作"语焉不详，只记得工作不久，又顿生人生的失意。"当时觉得我们学了那么多东西，没有落到实处，所以想到实践中去检验一下。"在四处筹措到二十多万元后，伍继延下海了，注册了一个公司，名为"海南易通传播产业联合开发总公司"。和当年那些激情万丈的创业者一样，名号大而响亮，至于公司能做什么、做到什么程度，谁也没琢磨清楚，"只是意识到文化产业将来有巨大的发展空间"。

虽偏居天涯，但"心系北京"，当时伍继延看到中央电视台引进了根据王朔小说拍摄的电视剧，播出后影响很大，于是动了与央视合作拍摄电视剧的念头。他赶赴北京，四处找人，商谈合作，最后因政策问题不了了之。之后伍继延投资媒体，主办了一本市场杂志——《当代管理》。为办好刊物，他专门拜访了因主编《海南纪实》而红极一时的作家韩少功。同为湖南人，同落天涯，韩少功不见外地亮出了办刊秘笈，让伍继延大为感动。他至今记得韩少功的教诲："第一，要注意标题。内容即使不好，但标题一定要响亮。第二，注重图片。韩少功意识到我们已进入读图时代，图文要并茂。第三，自办发行。不能依赖二渠道（民间发行商），否则利润都被书商掌控。"但也因种种原因，杂志没有继续创办下去。

伍继延与冯仑、王功权他们一样，都因房地产而赚得人生的第一桶金。冯仑他们开办的第一家公司名为"海南农业高技术投资联合开发总公司"（万通前身）。"开始的时候，大家没有太明确的方向，只想做一件

伍继延是"92派"企业家中最具反思与行动能力的健将。

大事，一件很大的事情。当时没有钱，听说做农业门槛低一点，我们就搞农业，但完全搞农业，又觉得层次太低，所以又'高'，叫高科技。"王功权在万通成立20周年时如此解释"怪名"的来历。

1992年，邓小平南方讲话如春风，将一批批热血青年吹向当时中国最大的特区。"10万人才下海南"。1992年底，潘石屹从海口市人均住房报建面积50平方米（北京市当时人均住房面积7平方米）这一状况中，隐隐地嗅出"味道"。冯仑亦从城市化人口比例上觉察"大事不妙"。万通"六君子"聚首阔论，达成一致意见——分散风险。最终，潘石屹手握5万元差旅费，寻梦北京。

与此同时，伍继延亦转向内地，四处寻找文化产业的试水机会。"20年过去了，海南，是我们青春期最好的驿站，成年后修身养性的梦乡。"如今致力于商会建设的伍继延仍不忘怀海南。"对那些曾在海南做过梦的'92派',海南,是创业培训的'农民运动讲习所',完成原始积累的福地。"

北京,另一大本营

得风气之先,资源的深厚使得京城成为"92派"下海创业的根据地。相比海南创业家的懵懂,他们更能主动地寻找行业盲点,利用体制之红利,迅速地成长为行业的先锋企业。

1991年,身在中南海的毛振华心系商海。但究竟能做什么,他也迷茫。曾经一段时间,他骑着自行车找师兄陈东升聊天。正在《管理世界》做副总编辑的陈东升,策划过"中国企业500强"的评选,对国际商业有着深入了解,自然是毛振华倚重和讨教的对象。

"其实点子是几个同学一起讨论出来的,东升说外国现在有的,中国还没有的,以后肯定会火。所以,我就搞了信用评估。"那时他们常聊至深夜,累了,就抵足而眠。

之所以做信用评估,是源于自己的直觉。那时毛振华偶尔在广播或者报纸上看到过这样的字句,"穆迪公司调高了中国政府的发行债券信用等级","穆迪公司调低了中国政府的发行债券信用等级"。一家公司能评估国家的信用,何其了得! 毛振华决定干这个"牛逼"的事业。

1992年,国家体改委在南方讲话后颁发了《有限责任公司暂行条例》和《股份公司暂行条例》。毛振华心动不已,照着报纸抄下了条例中每一条公司章程的内容。毛振华四处游说,批牌照,拉股东,奔波4个月,终于在1992年10月8日,中国诚信证券评估有限公司成立了。次日,"央视新闻联播报道了这一消息",毛振华至今记得当时的轰动。

在毛振华忙于注册公司的同时,陈东升也在做下海的准备。有感于这些拍卖行能将艺术品拍卖出天价，他要创办中国的索斯比（世界上最古老的拍卖行）。央视的一条国际新闻至今令他记忆犹新，差不多能背诵下来，"昨天，伦敦索斯比拍卖行，凡·高的《向日葵》创下了天价，最终价格4356万英镑，听说买家来自日本，是一位神秘的客人"。镜头里，台上是稳重大方的拍卖师，台下是仪态华贵的竞拍者。1993年3月，陈东升的中国嘉德国际拍卖有限公司成立了。

袁岳小时候曾幻想买个岛，在岛上当国王，连排水系统怎么建都在他的考虑之中。这个善于规划的男人，在1988年做司法部文秘时却没怎么想规划自己的仕途，别人都希望通过讨好领导晋升，而他认为不合理就得指出来。他是善于总结的人，秘书的文牍工作给了他一个启发，那就是领导讲话经常所说的套话，譬如"广大群众一致认为"。他认为，"不论其有无根据，大抵是习惯了这种语言系统，也从没问群众意见，不过想问也没办法问，机关里没这套体系"。袁岳告诉笔者，正在他惶惑期间，邓小平视察南方时，提出了要发展市场经济，"在我看来，要发展市场经济，就需要研究市场。"做市场信息调查和研究，岂不潜伏巨大商机？这个想法还在心中剧烈地翻腾，美国著名的调查公司盖洛普就嗅到商机，计划在中国开办合资公司。袁岳下定决心，不能再等！1992年，袁岳跳出司法部，注册成立了零点调查公司。

预感到海南非久留之地的万通诸君子派出了潘石屹，如万通的斥候（古代的侦察兵，一般由行动敏捷的军士担任），游走京城，搜集情报。一天，潘石屹在怀柔县政府食堂吃饭，无意中听到一个消息：北京市政府给了怀柔4个指标，做定向募集的股份公司，但是现在无人来做。潘石屹觉得这是落脚北京的大好机会。一番合计，冯仑等发动当年在京城的关系，终于在1993年6月，北京万通实业股份有限公司成立了，潘石屹任总经理。这是北京最早创建的以民营资本为主体的大型股份制公司。当年，万通开发的位于阜成门外的万通新世界广场销售火爆，令业界侧目。这样的一炮走红，奠定了冯仑和潘石屹在房地产界的江湖地位。

1992年左右，在京城开始创业的人，真是过江之鲫。后来扬名立万的如以下诸位：1990年，俞敏洪从北大辞职，不久和徐小平创办"新东方"；1992年，郭凡生离开国家体改委中国经济体制改革研究所，与王冲、王永慧等人创办慧聪公司；1993年，苗鸿冰辞去石油部办公厅的党团工作，创办中国女装品牌——白领；1993年，李国庆跳出中共中央书记处农村政策研究室，创办科文经贸总公司；1995年黄怒波辞去中国市长协会副秘书长职务，创办"中坤"。

陈东升自称是经济学票友，在他看来，1992年前后，社会开始形成主流价值观，那就是"下海是件好事，是件光荣的事"。因为对这个主流价值观的认同，才使社会的主流精英做出自我选择，形成一个历史上到今天来看也应该是空前绝后的从商热潮。

如果说，海南是知识精英跳出体制野蛮生长的演兵场，那么北京，则是"92派"大刀阔斧实现理想的真正战场。20世纪90年代，从海南转战内地，在重庆做得风生水起的伍继延如此感慨，"毕竟，北京是资源集中地，这些创业者的关系也在北京"。当时，毛振华、陈东升在相当长时间内也是没有彻底离开体制，开办公司时整合的都是国家部委的资源——要么是钱，要么是政策。"我是一步一步走向海里。"毛振华告诉笔者，他们没那么激进，第一脚迈出去，踏稳了，第二只脚才拔出来。

从江湖乱拳到公司治理

在市场经济草创的年代，规则缺失。"92派"在草莽江湖中，尽管"奇招频出"，但心中亦有所忌惮，有所坚持。

"1991年的一天，王功权突然在我的桌子上扔了一包东西，说：'这家伙小瞧我了，这是给我的回扣。以后我要上台发表讲演。这小子要说我吃过回扣是腐败分子，我还有什么威信，多没面子。但这钱退回去这单生意就黄了，财务先收着。'"2011年2月25日，潘石屹在微博上回忆起这样一桩海南往事，"王功权不知记不记得这事？我想起当时他的表情就想笑。"

"我们有个高管在一个项目中变相回扣，给人家3万元劳务费，在财务审计中查出来。跟我多年的人，照样开掉。"袁岳说，有人说他太迂腐，但他认为：第一，简单，"没有回扣、返回回扣的这些事，就不会一天到晚忙着把账倒来倒去"。第二，安全，"不管谁进去了，跟我没关系"。第三，提高公司的业务水平，不给回扣，相当于让客户帮公司督促员工，尽量把工作做好。

王功权、冯仑主导的万通生于"乱世"，但理想高远。冯仑说，万通集团从一创立就把自己的生日（9月13日）确定为"反省日"，以求自警自省、不断进步。

1996年万通在海南开"反省会"，检讨主题——为什么从1991年开始辛辛苦苦做事，公司报表却总也拨不正？冯仑回忆道，大家反思之后发现其实从根上就错了。"于是我想到'原罪'、第一宗罪，最早的病变基因是在眼睛看不到的地方。我们在讨论时援引宗教说法，把民营企业最初逻辑上的发展悖论和体制环境中一些不妥的制度安排称为'原罪'，后来被多数人理解为最初的错误，比如道德上、财务上的。"冯仑说，他们找了根治"原罪"的正确方法，那就是"资本社会化、公司专业化、经理职业化、发展本土化"。万通分家时，"我们也跟别人不一样，有分歧，但是采取文明礼貌的方法，用律师来解决问题"。冯仑说，这个方式是潘石屹的妻子张欣推荐的，权利与债务一起分，大家都能接受。

毛振华和陈东升，当年正是怀揣着国家体改委颁发的两个公司条例，纵横捭阖，跑下了相关牌照，并拉来不同资本，成立了股份公司。毛振华一度被自己一手成立的公司扫地出门，但他也遵守游戏规则，坦然承受股份制的"凶残"。

"流放者"归来

上有柳传志，下有马化腾，"92派"注定属于过渡一代。陈东升曾问马云2011年做多少，马云张口就道："明年我过万亿元。"陈东升当时就懵了，"没办法，马云不一样，气场大，你要承认"。

1997年，重庆直辖。伍继延相信那里是财富与机会的新战场，于是转战重庆。事遂人愿，在重庆他做出一件至今让他满意的商业项目——"五黄路"。如今"五黄路"已成为重庆中央居住区的标志。不得不说，伍继延是"92派"企业家中最具反思与行动能力的健将。2009年，他在媒体上公开宣称"十大商帮，都该死去"。"自由的市场经济天然向往平等，商人应该是平等的最大受益者。所以，我们的商会不应该充斥着权钱交易，发散着腐败的气息。"不得不说，在商会伦理与商会价值的反思上，中国企业家中尚未有如此系统思考并实践的企业家。

"如果不下海，'92派'里这些精英，能做到多大的官？"面对笔者的提问，袁岳笑着说，"最高就是个部级，因为都太有个性了。" 冯仑就如此高调过：实现理想，随便赚钱。

与20世纪90年代末伴随网络经济诞生的企业家马云、张朝阳、马化腾、李彦宏相比，"92派"企业家的国际化和资本运作能力相对逊色。在万通成立20周年集会上，陈东升问马云2011年做多少，马云张口就道："明年我过万亿元。"陈东升当时就懵了，"没办法，马云不一样，气场大，你要承认"。

体制是"92派"的"脐带"，人际关系的熟稔，对国情的透彻了解，也让"92派"在IT领袖面前多了份圆滑与保守的印象。尽管在各种商业论坛里，"92派"与IT领袖彼此称兄道弟，但互联网经济的巨大影响力与IT企业的庞大规模，明显在他们之间划出了一道鸿沟。"92派"与诞生于市场国际化的IT领袖一起站在中国商业舞台上，多了份压力，"新士大夫"的称谓，既是夸耀，又是包袱。"我们离开现行体制下海是明智的，因为在即将到来的大变革中我们已经抢得先机，做好了从经济自由、思想独立到社会基础的准备，我没有理由对自己获得了人生最宝贵的权利——自由——感到不高兴，尽管获得自由的历程同样九死一生。"伍继延说，至于他们这一代企业家，有什么遗憾的话，那就是"离理想的目标还有距离"。

与资本新贵不同的是，"92派"对财富没有太大的野心。"当年我做零点咨询时，就没想搞成商业，或者说是想以商业项目支持社会调查和评估，做一个社会企业。"热衷公益的袁岳如此回忆当初的抉择。还有一部分"92派"，对财富的追逐意兴阑珊。毛振华、华生，由政界而入商界，转而学界；伍继延由政界而入商界，之后十年热衷社会工作，组织商会。"总体上说，我们这一代，身怀理想，曾自我流放，而今算是流放者归来，做自己想做的事情。"伍继延说，"我目前状态是为未来蓄势，20年后再看分晓，所以无所谓满意不满意。如果一定要说有什么不满意，只能抱怨天气"。

天气是什么？1992年，天气是人才配置方式出现重大变化——中国历史上，从来都是人才被吸纳进政府，"是分配财富而不是在工商业里创造财富"。1992年后，企业家人才罕见地由政府配置给市场，伍继延说。20年后的今天，天气是什么？"众说纷纭，答案在风中"。

善戒——公益名人变形记

　　投身公益前，他们或是身家不菲的企业家，或是声名远播的媒体人，或是某领域的知名专家。转身公益后，他们是中国公益事业最积极的行动者。他们以个人的声望整合社会资源，快乐行善。"以前做记者是监督强权，现在去做公益是扶助弱者，不是逃避，是迂回。"在"老兵回家"项目发起人孙春龙看来，两者有一个共通的地方，不管是尝试推倒一堵墙或者帮扶一个鸡蛋，其目的都是为了自己生存环境的日益好转。在互联网时代，募集善款、民主决策和透明公益成为公益人的三大挑战。这些公益人在经历过最初的激情后，各有探索，各有心得。"这个社会不缺少抱怨，缺少行动者；也不缺少爱心，缺少对爱心的尊重和唤醒。"是的，抱怨再多，亦改变不了现实。而这些大牌公益人弘道以行动，一点一滴，从改变自身做起，推动社会大众参与公民社会的建设。

特稿　盗火行动

　　这已不是官办机构和明星独霸公益江湖的时代。蜂拥而起的民间公益人，经历着募款能力、透明化等考验，开始走出单纯的爱心与帮扶的施予情怀。在这群公益"盗火者"的努力耕耘下，志愿精神与制度创新的种子难以阻遏地落地生根。

2008年10月，一个令孙春龙刻骨铭记的国庆假期。他偷偷别过妻子，躲在外省的朋友家，经常一个人抽烟沉思。"银行卡密码什么的全告诉老婆了。"

两月前，山西省娄烦县一铁矿发生的山体滑坡事故彻底将孙春龙卷入危险旋涡。时为记者的孙春龙经多方调查暗访，确认娄烦事故存在着瞒报谎报，不是自然灾害，而是重大责任事故。三次举报无果，他毅然在网上发表《致山西省代省长王君的一封举报信》，引起了中央领导的重视。尽管孙春龙受邀参加了国家安监局的调查小组，但"压力"还是"排山倒海"而来，他一度对家门口停着的陌生汽车感到紧张，躲避远方，甚至想到了托孤。

多年后，已从总编辑助理位置上卸任，专职从事公益的孙春龙回忆自己惊险的新闻生涯，有留恋亦有释然。"以前做记者是监督强权，现在做公益是扶助弱者，不是逃避，是迂回；其实两者有一个共通的地方：都是为了自己生存环境的日益好转。"从总编辑助理位置毅然辞职，转身做公益，孙春龙相信后者是一个力所能及的，能让自己感到有力的，能让更多的人感到温暖的事情。

从温暖弱者，到温暖自己

公益不是慈善，公益人不一定是捐赠人。公益人是整合社会资源的核心人群。他们在以爱与行动温暖权益缺失的人群时，亦感受到人性的斑驳。

2005年在缅甸的一次采访，无疑是孙春龙命运的转折时刻。一位流落缅甸的中国远征军老兵指着孙春龙的鼻子说："你说我们不抗日，那么你去国殇墓园看一看，看看我们那么多兄弟是怎么死的。""我都不知道国殇墓园到底在哪里，是怎么回事。"孙春龙告诉笔者，他从这个老人的眼睛里看出了绝望。

2008年初，孙春龙去了腾冲的国殇墓园。"门非常小，进去之后全是非常小的墓碑，漫山遍野。"他一下被震撼了。

于是救赎之旅开始。从2008年起，他开始帮助流落在缅甸、云南省的中国远征军老兵找家，并寻找资助帮他们回家。四十多位老兵，在志愿者的爱心接力下，长约七十年的远征方告结束。

"我是从监狱里面刚刚出来的人，我希望给你捐一点钱，帮助那些流

温暖自己，是孙春龙作为专职公益人最大的心灵触动。

落在缅甸的老兵回家，我没有钱，只能捐一点点，不知道是否可以？"这是一位网友在孙春龙博客上的留言。孙春龙在一篇文章中如此感叹："当我看到这个留言的时候，我突然觉得，我们帮助的是老兵，但温暖的是我们自己。"

温暖自己，是孙春龙作为专职公益人最大的心灵触动。

而身为微基金的发起人，梁树新的感触则更为复杂。2011年，微基金有一次收到一笔通过网银汇进的10万元捐款。梁树新查到留言，只有一句话：李阳全家的一点心意。梁树新收到"李阳"10万元捐款，特意查证过，此李阳不是疯狂英语的那个李阳。那时，微基金刚成立不久。一般，微基金的捐款数目都是5元、10元的，"因为一份虚拟爱心午餐的定价是5元，所以就是5元起捐的。那个网友在捐款前后一直没和我们联系过，甚至也没有要发票"。这种绝对信任让梁树新和他的团队唏嘘不已，"当时，郭美美事件已经曝光，在公众对慈善和公益的信任危机那么严重的情况下，还对我们那么支持，确实很让人感动。"

让梁树新委屈的杂音也不时响起。有人就当面说："你就会忽悠别人捐款，自己不掏钱，有本事你把房子车子卖掉用自己的钱去做公益。"批评者的意思是说他用大家的钱来做公益，而他收获了名利。

梁树新苦笑了一下说：批评者不了解公益与慈善的区别。慈善更多是个人的行动，存在施与受的关系，是个人让出一部分财富或资源给有需要的人群。公益是整合社会的资源，再次合理地分配，是争取公众本该享有的基本权益。"这些本来就是社会应该给大家的，不是施与受的关系。2008年是公益元年，催生了更多公益组织，千方百计争取公众的合理权益。"梁树新告诉笔者，从这个角度来说，"攻击我的人把公益和慈善的概念混淆了，等同了。我现在没有能力像史玉柱那样，粉丝到100万就捐100万元。这个社会99%的人不具备这样的能力，但这不影响我们做公益，我们可以利用自己的才能和一些力量，整合社会资源，做力所能及的事情。"

要激情公益，更要制度创新

> 规则的确立和大家对规则的逐渐尊重，令阿拉善生态协会的大佬学会了开会，冯仑的变化有目共睹。

2003年，袁天鹏与大部分海归一样选择回国创业。他和两位同学开办了一家提供移动增值服务的公司。很快，袁天鹏发现，三个股东内部缺乏制衡，开会的时候没人说真话，都在绕圈子，私下里还两两沟通。这令袁天鹏感到不解，曾任阿拉斯加大学学生议会议员的他干脆推开一切工作，翻译罗氏规则。2008年，袁天鹏翻译的《罗伯特议事规则》正式出版，他也成为世界权威议事规则研究机构NAP的第一名中国会员，他开始利用各种场合推广这套关于"如何开会"的理论。

事实上，袁天鹏不是第一个推广者。九十多年前，孙中山最早把《罗伯特议事规则》翻译并介绍给中国人。这位中国共和之父把"提高国人议事能力"视为民主政治的基石，在《民权初步》中加以推崇。但从那时至今，《罗伯特规则》在中国仍鲜为人知。

2008年，时任阿拉善SEE生态协会秘书长的杨鹏与四处找项目的袁天鹏接上了头。一个苦于开会时没有规矩的人，和一个苦于"酒香无人品尝"的人，就这样，因缘际会。

杨鹏想因地制宜，以规则将协会里这些习惯一人说了算、开会无章法的"老虎"赶进"笼子"。经过反复磋商，俩人最后磨出了43条条款，详细规定了发言、辩论、动议、表决、选举、会议议程等规则。这大概是国内第一份公益组织拟订的议事规则。

在袁天鹏看来，《罗伯特议事规则》的精髓就是"自由是有边界的，没有人可以不要规则，只要绝对的自由，因为那样实际上大家都不能得到自由。规则无非是要通过边界的划定来平衡地保护每一个人的权利"。

在杨鹏的记忆中，2008年12月底，这份规则在执行理事会上通过，正式成为协会第四版章程附件。在这次会议上，大家开始运用这套规则议事。

袁天鹏回忆道，时任会长的王石的表现尤令他感动。当别的理事说受不了那么多条框限制时，王石说，规则是一种平衡，不能只顾自己酣畅淋漓，别人没有表达机会。他当主持人时，不发表观点；不当主持人时主动举手发言，等主持同意后才开口。每次开会，秘书处必然带着一本章程，以供参会者随时查阅。

多年下来，据联和运通控股有限公司董事长、阿拉善SEE协会前副会长张树新观察，王石最初来开会时的表情跟后来都不一样。这位强势的企业家自己就曾多次说过，在他原先的词典里就没有"妥协"这个词，但现在他学会了妥协。

引进《罗伯特议事规则》，是杨鹏为了确保公益活动的民主化、制度化而做出的一个积极探索。之后他作为壹基金秘书长，找来袁天鹏，进行规则的制定和落实培训。

在制度创新上，杨鹏更进一步。壹基金与银行签约，银行代替基金会管理资金，年底有托管报告。"我们的钱花到哪里去了，是由银行而不是由我们来说的。像这样公益基金做托管的有几家我不知道。"

根据多年的公益实践与思考，2012年6月，杨鹏出版《为公益而共和——阿拉善SEE生态协会组织规范之路》一书。"作为亲历者、研究者，他的思考和记录都可以为转型时代提供很好的参考，此书的意义要远远大于生态环保本身。"

多年对于规则的坚守，杨鹏颇有感慨："中国面临两大问题，一是经济如何可持续发展；二是公共领域如何更加民主法治。平等的人在一起共同参与公共事务是需要训练的，而这种训练，应该当成现阶段非常重要的任务，从娃娃开始。"

不能只会授人以鱼

越来越多的公益人相信，"授人以渔，扩大了公益资源，让受益人能获得生存与发展的资本，从而断奶，放大了基金的价值。"

"我做公益的最后目标，是希望同时搞活当地的经济，并把当地文化推向复兴。"坐在笔者面前的荣海兰衣着入时，一口流利的纽约腔英语的外表下，却有一颗迥异于别的公益人的佛心。

荣海兰，美国龙族集团董事长，身为中国荣氏家族的第三代，她收养过二百多个孩子，也是中华慈善总会的永久理事，目前在内地积极开展公益活动。

荣海兰回忆，小时候祖父常说："你在吃的时候，不要忘记没有吃的人。"母亲则告诉她："不要浪费，现在很多人没有东西吃。"荣家的这一朴素的财富分享观和回馈社会的家训，催化了荣海兰慈善事业的最初萌芽。在没有来中国前，从帮助厄瓜多尔以罐头盒为玩具的穷苦孩子，到为残疾人提供培训岗位，荣海兰和她的家族就已经开始帮助很多人。

与其他公益人士突出的不同点是，她有更大的野心和梦想：做慈善不是单纯地"救人"，而是让人学会自救。有一次，在西部地区做慈善事业时，她惊奇地发现西夏文化有很多美丽的传说，"火是做什么的，日是什么意思，月是什么意思，珠帘垂下来是什么意思，每一样都有浪漫的故事"。荣海兰觉得，如果政府在当地出资打造"羌城"，让当地居民靠文化来赚取旅游和演艺收入，便可以做到自给自足。在各方力量的推动下，这一规划现在已经展开，荣海兰成为正在排演中的"羌文化舞台剧"的顾问，而"羌城"则准备完全按照西夏城池的样子开建，"希望这一模式可以成功，因为在这样的模式中，当地居民可以自己工作赚钱，不需要社会的资助"。

荣海兰说，她做公益喜欢环环相扣，"要和当地企业、政府等资源合在一起，缺一不可"。

与荣海兰探求公益的可持续性相较，1993年在山西创办的"龙水头村民互助基金"是一种更严谨的制度创新。互助基金的章程规定，基金有两种用途：扶贫基金用于治病、治伤及求学，可贷款一年，不收利息，期满只须还本金；付息基金用于生产，如买化肥、经商、出门打工等，可借款6个月，要收息。基金帮助村民治病，其实也是帮他们恢复劳动资本，而借给村民的付息基金，更是让欠债者琢磨着该干点事儿。

如今，小额贷款公司在成都开枝散叶。据北京乐平公益基金会发起人之一的吴敬琏介绍，成都的小额贷款公司的规模大过山西的。而且基金会现在与社会企业家合作，搞无公害蔬菜的生产与流通，"为当地解决就业问题，让农民能富起来"。

要透明、公开，不只享受荣耀

在交通和信息成本降低的时代，人们对公众人物的信任开始过渡到对透明制度的拥护，甚至捐款人已不太希望"被代表"，要去实地看个究竟。

"我们至今一年多，才筹集了不到600万元，仅仅救治了523人。所救人数远没有在我们这里申请的农民兄弟的1/10，是中国尘肺病农民兄弟的万分之一。很着急，没有比救命更急迫的。"被外界喻为"公益清教徒"的公益人王克勤2012年11月9日在接受笔者采访时说，大爱清尘基金从2011年成立至今没有发生过一分钱的餐费，这些款项主要是通过微博募集完成的。

在公益界，"邓飞（免费午餐发起人）在发动企业家捐赠这块做得相对充分点，我自己的工作有意远离资本与权力，以保持自己的独立。这对于做公益而言是重大缺陷。"王克勤说，"我自己无法改变这些原则，所以期望有更有能力的人加入进来。"

对王克勤和孙春龙而言，他们掌舵的公益基金会，发起人都因工作而关注被社会遗忘的弱势群体，但募集资金成为比较头疼的事情，对于未来基金会能走多远，他们都没有确定答案。但可以肯定的是，在透明度与规范化上，他们一点点摸索，譬如，大爱清尘基金曾凭借公开透明的运作模式多次被评为中国微公益典范。

"大家要透明、要公开、要真相，希望建立一个真实、信息平等、人格平等地交往的社会模式。"杨鹏说，某种程度上来说，这些公益组织承担了不可承受之重，承担着整个社会对改革的期望。

壹基金每年都由全球四大会计师事务所之一的德勤会计师事务所进行审计，并向社会公示资金去向。"但我想这还不够，有一个更深层次的东西——被代表的时代结束了。以前因为德勤很权威、很专业，所以它审出来的报告大家也就相信了。现在还会这样吗？大家要看，我的钱什么时候进去的？我的钱到哪儿去了？我要查得到。我今天捐钱进去，明天我要知道到它到哪儿了、到谁手里了、效果怎么样。"杨鹏说他遇到好几例这样的情况：捐赠者捐钱之后，壹基金把使用情况汇报给捐赠人，第二天对方就坐飞机到现场去了。"他捐了一万块钱，机票也一万块，但他就愿意去看，看你是真的假的。"

尽管做公益在中国困难重重，但公益人的坚持，各有各的坚韧。在孙春龙的博客里，有这样一段来自2011年3月的记述：

我们去探访仰光盟军墓地，负责人奥斯卡前来问好，对话至今难忘：

"你们是韩国人？日本人？"

"中国人。"

"来缅甸做石油生意？木材生意？"

"我们是来找老兵的。"

"真的？我第一次见中国人来这里找老兵。这么多年了，我一直在想，是不是你们比较健忘？"

显然，孙春龙不希望自己，不希望自己这一代人，是健忘的。

孙春龙说在缅甸遇到很多这种事情。问当地人在缅甸的外国人哪个国家的人最多，每一次回答都一样，是日本人和中国人，而且每次不等问第二句，对方就会主动说日本人是寻找他们的烈士，中国人是做生意的。这种刺激，让孙春龙常常深怀内疚，也坚定了他把抗战老兵带回家的信念。

尊重与平等，是这些公益人倍加珍惜的精神资源。"我们做的就是随手公益。"微博打拐等活动发起人于建嵘喜欢这种从自己做起的公益方式，"随心而为，手有余香，让相互帮助的公益成为我们的生活方式"。

号脉——广告狂人问诊中国

为图霸业，在广告草莽时期，本土广告枭雄或立地成佛，或加盟跨国公司，华丽转型；随着市场经济在中国的蓬勃发展，那些港台地区的广告达人闻钱而动，鱼贯而入，力求分一杯羹。两股势力的激荡与分化，基本划定了中国广告界的势力地图。从找关系，到拼实力；从点子营销，到策略取胜，中国广告界三十年时间，鸟枪换炮。而这些大佬对资源的整合能力与其朋友圈的变化，正反映转型期中国一个向好的基本面：政商关系与人情经营不再是业务的核心，而专业化与国际化才是阳光正道。他们不只是企业经营与社会经济的号脉者，也是人心社情的号脉者。

特稿 诸侯攻略

"辞掉那些让你连衬衣都要赔进去的客户。"奥格威同时又对客户说，"照顾好为你下金蛋的鹅。"那些从港台地区直杀而来的广告人，启蒙并培养了大批本土创意精英。

2000年冬天，怀抱西进梦想的台湾广告人彭德湘，第一次出现在虹桥机场时，望着苍茫夜色，兴奋与忐忑，汹涌而至。

原本学习电影专业的彭德湘，1981年大学毕业后偶然进入了广告行业，成为全球领先的麦肯世界集团台湾公司的一名广告新人。抵达上海之时，彭德湘以首席执行官之衔，受命组建麦肯大中华区，包括在中国内地和香港创立分公司。谁知初来乍到，上海就给他一个下马威。

到达预定的酒店后，彭德湘却被告知已经客满。时已深夜，彭德湘孤身一人站在柜台前，不知该去哪里，不甘心的他发起脾气，坚称既然预定了，就非要个房间不可。结果，酒店经理闻声而至，彭德湘被安顿到了一个没有门牌号码的房间——总统套房。"因为奔波了一天，我想洗个澡再睡觉。可是我找不到淋浴，只有浴缸，跟小游泳池一样。我就打开水龙头，等了一个多钟头，水才只有五公分深，都快午夜三点了，我就只好像池塘底的泥鳅一样，随便洗完就睡了。"

2012年12月，又是一个冬天。衣着朴素的彭德湘在上海向笔者回忆起那次入住总统套房的"奇遇"。"我当时真是被逼急了，那么晚了，又冷又困，谁都不认识。那样希望引起别人的关注，算是一种本能，也有可能是广告人下意识的一种思维。"

"奥美"的门徒

　　　　1979 年以后，内地的广告业开始缓慢复苏。作为大陆广告人的"黄埔军校"，奥美培养了许多广告狂人，亦令无数立志投身创意事业的年轻人心驰神往。

与彭德湘就职21年的麦肯世界集团一样，奥美亦是广告界的"黄埔军校"。1949年，38岁的大卫·奥格威在纽约的麦迪逊大道创办奥美。10年后，奥美成为全球五大广告代理商之一。从奥美走出的人才，基本成为其他跨国广告集团在中国市场的开拓者或本土知名广告公司的负责人。

香港奥美在1983年夏天迎来了一个叫周佩莲的员工。毕业于香港中文大学新闻系的她在上学期间就在电视台兼职。刚入香港奥美,她做客户服务。因为紧张和在意,一天到晚总是绷着脸。后来在前辈的指导下,她逐渐会谈一些客户关心的话题,慢慢也多了自信。多年后,周佩莲功成名就,贵为香港"广告传媒界第一权力美女"。周佩莲说:"儿子6个月时我就带他拍广告,2岁起让他看广告。我要让儿子知道这是妈妈服务的行业,为妈妈的工作自豪。"

"当时不进入广告业,就好像人白活了!"实力传播集团CEO郑香霖说,1988年的香港,恰逢经济腾飞期,广告事业蓬勃发展。郑香霖放弃生物化学和药物学专业,辞去医药销售工作,以三百人取五的高淘汰率进入奥美——当时香港最大的广告公司。他笑着告诉笔者,"像打仗一样打进去的"。他的具体工作是剪报,负责每天早上为十几位客户总监提供行业的最新动态和相关数据。

"我进去才几天,好多老总就来问我们部门是否来了一个新人。我还以为有什么问题,其实他们夸我干得不错。"郑香霖选取的剪报内容很有见地,每天准时送达。一个月后,郑香霖转正,进入了媒体购买部门。

1991年10月,时任台湾奥美广告公司总经理的宋秩铭向奥美国际自动请缨,奔赴上海成立内地第一家奥美广告公司。林友琴就是该初创团队的核心成员之一,历任培训总监、奥美中国区培训总监。奥美正式掀起了首波台湾广告传播人西进内地市场的序幕。

在本土创意人杨舸的印象中,他的昔日上司林友琴是一个典型的温婉才女:"说起话来软软的、嗲嗲的,是一种典型台湾小女人的温婉;她笑起来眼睛和眉毛都是弯弯的,会让人觉得如沐春风。"杨舸记得自己刚进上海奥美时,有一天林友琴站在他面前,指着他写的创意,语气狠狠的,但语调轻柔:"你可以告诉我吗,你的idea到底是什么?"在她面前,"你会觉得自己的智慧全成了小聪明"。在上海奥美，杨舸先后任职文案、创意组长，之后任广州奥美广告公司创意总监。2001年，他离开奥美，成为上海一家知名广告公司的执行创意总监。

在杨舸的印象中，当年在奥美听林友琴的培训课最没有负担。"她讲得既感人又风趣，即使是提问，也不用害怕，因为她会笑着注视每个被提问到的人，眼神充满鼓励和谅解，即使有人答得牛头不对马嘴。"优盟中国区CEO黄浩挺对此也印象深刻，他在1995年加入上海奥美，"我是上海人，在银行工作了两年后才进入奥美。我喜欢新鲜的事物，是带着一种好奇心进入当时广告业最专业的公司的"。

林友琴后来离开上海奥美，创办知世公司，涉足数字营销。如今她已是安索帕亚太区首席执行官，被美国《广告时代》杂志评选为"2009年全球30大杰出女性领袖"。

抢食电视黄金节目

在收视率相对透明公平的评价标准面前，广告大佬身负帮客户攻城拔寨的战略使命，努力拼杀，抢夺各个电视台的黄金节目。"即使贵，花的钱老大也能看到。"

"有的老总脱掉鞋子，让旁边的人举牌；有人在现场来回踱；没中标的企业代表恶狠狠地瞪着我，中标的兴冲冲地跑出去报喜。"在2012年11月15日的金投赏峰会上，节目主持华少回忆自己在大型励志音乐评论节目《中国好声音》第二季广告招标会上的见闻，"我充当拍卖师，这次拍卖会从11月2日早上9点18分开始，一直到下午的5点十几分结束，中间都没有休息"。

竞标各企业为了栏目冠名权展开激烈角逐，9000万元、1.0亿元、1.2亿元……一连串巨额数字不断被刷新，最终加多宝集团以2亿元再度拿下《中国好声音》第二季独家冠名权。为了在次日的拍卖中有所斩获，百雀羚市场总监费琪文整夜失眠。"外界都传闻费用会很贵，说大家没钱最好不要来参加。"当天的《中国好声音》第二季度特约播出权的争夺尤为激烈，百雀羚最终以7000万元艰难拿下。

2011年11月16日，湖南卫视举行部分黄金资源招标大会。来自全国的200多家企业和广告代理公司参加了当天的竞投标。主持人汪涵携娱乐脱口秀节目《天天向上》的另外两名主持人田源和钱枫上台奋力叫卖，虽然底价不及综艺王牌节目《快乐大本营》，仅为6760万元，但广告商的呼声一浪高过一浪，最后竟以1.33亿元的天价成交，成为湖南卫视年度"标王"，一举成为目前中国电视界冠名费最高的综艺节目。

"感谢CCTV，它开了广告招标的先河；野蛮生长的芒果台一骑绝尘，它是没有争议的化妆品广告吸金之王；凭借大型婚恋交友节目《非诚勿扰》一夜爆红的江苏卫视正在紧追湖南卫视，两者共同组成了地方卫视的第一阵营；浙江卫视正在想尽办法进军第一阵营，现在来看，它干得不赖。"这是一个业内人士眼中的中国电视广告招标态势图。

1994年，掌管中央电视台广告信息部的谭希松，在中央电视台投资的梅地亚中心商务宾馆，开辟了一块硕大的斗牛场，旁边竖起一根旗杆，高高挂起一顶桂冠——标王。这位女强人把中央电视台的黄金广告段位拿出来，在全国进行招标，招标时间定在每年的11月8日，日期数字谐音"要要发"。

央视2013年黄金资源广告招标大会一改近20年来的惯例，并未在当年11月8日举行，而是另选11月18日。加多宝继冠名《非诚勿扰》后，再战央视，和广药分别以8600万元和6080万元，在《新闻联播》标版组合10秒广告明标竞投中，分别占据春节和夏季期间的第一播出顺位。酒企也再现"疯狂"。仅整点新闻报时、《新闻联播》报时组合这两项，剑南春、五粮液、茅台、汾酒四家企业就累计花掉了17.22亿元。最后，剑南春以总额6.08亿元成为央视广告招标新标王。

每年央视、湖南卫视、江苏卫视、浙江卫视的广告招标成为金钱的狂欢游戏。而这一切疯狂背后，离不开广告人的筹划。收视率，这个对媒体和栏目的影响力相对透明与公平的评价标准，决定了现实主义的广告人的投放策略。

不过对于资金日益流向黄金节目与黄金时段的现象，奥美中国区总裁陶磊直言广告价格的飙升直接影响了客户在广告制作方面的投放，"广告上千万元去投，内容上百万元都不愿意花。现在15秒广告，讲不了故事"。在他看来，失去会讲故事形式的广告，注定是难以传播影响力的。

广告狂人的使命

你是谁？想要什么？爱干什么？这些都不重要！重要的是你怎么把东西卖出去，这正是"广告狂人"们的伟大使命。

回望30年的广告生涯，周佩莲称自己是个很投入的人，一旦下了决心，就很难回头。从奥美到盛世长城，再到博达大桥，周佩莲承担CEO重任十余年，其在创意执行上的出众灵敏，常令同行惊讶。"要做好广告，就要做超级品牌。"周佩莲曾主导的玉兰油电视广告片被选为全球最好和最有效的广告，助推玉兰油在10年间的销量增长数千倍，使中国成为玉兰油的世界第一市场。

2008年6月16日，中国人第一次登上戛纳广告节的主讲台，这也是中国广告人第一次真正参与到最高端、最专业的国际讨论中。戛纳广告节的镁光灯下，代表中国广告的就是周佩莲。在任盛世长城中国区首席执行官的

周佩莲称自己是个很投入的人，一旦下了决心，就很难回头。

10年间，周佩莲带领团队为中国广告界赢取了首座2008艾菲地区金奖、戛纳广告节首座铜狮和银狮奖。

　　走进世界著名广告公司李奥贝纳的每个办事处，首先映入眼帘的必定是一盘苹果——除了招待员工和访客，更提醒员工如果不想失业卖苹果，就得把工作做到极致。李奥贝纳中国区CEO陈念端1993年加入香港灵志大洋广告，开始了广告职业生涯。2002年8月初，上海市政府和文广集团为世博会申博片广发英雄帖。由于之前已经有了两部很到位的宣传短片，上海所有的美好画面几乎已网罗其中，新的突破点在哪里呢？如何胜出？创意陷入了困境。这时，出于广告人的本能，一个念头在陈念端和执行创意总监李少慈的头脑中萌发：为什么不能把上海看作一个需要推广的产品，而把在国际展览局会议上投票的八十多位评委看成是顾客呢？于是，一部宣传片如此展开：一曲幽幽的《茉莉花》在会场上响起，屏幕上一扇大门缓缓打开。故宫、长城、兵马俑、布达拉宫依次映入眼帘；上海的黄浦江、东方明珠、新天地一一展现，同时各族人民及海外同胞共唱一曲《茉莉花》……该片为最后的申博成功起到了关键性作用。

在郑香霖创造的经典案例中，不可忽略的一个是蒙牛和"超女"的牵手合作。在内容创新方面，郑香霖强调一定要找对联系点。"一个是找对联系的事件，再是要找对载体。一定要细化到是去找到哪一份报纸或者是哪一份报纸中的哪一个专栏，或者是哪一个电视台中的哪一个导演；再次的联系点是要找对品牌，即内容的赞助商。就如蒙牛酸酸乳，它们正好是需要酸酸甜甜的风格，跟超女整个的内涵相吻合。"

彭德湘见证了广告业在台湾全面开放的过程。在他看来，台湾的广告源于欧美和日本，最初的广告媒介主要是三台两大报，就平面的广告创作而言，非常讲究标题以及整体制作的完美度，追求讯息对读者的冲击力。他至今依然记得那时的许多文案标题，譬如说为"中国石油"构思的标题是"中油在加油，加油在中油"。如今在中国内地深入人心的"中国平安，平安中国"，也是出自彭德湘之手。

学会抛弃"悲摧"

"不做总统，就做广告人。"美国前总统罗斯福的这句话让无数广告人心潮澎湃。但在外表光鲜的另一面，压力如影随形。

林友琴形容有时压力大得想杀人，而她缓解压力的武器之一是弹钢琴。"我想杀人的时候就会弹一支比较激动的曲子，这个人就在音乐中被'杀'了，我就不用发脾气了。""我从没有想到过放弃，我的热情是怎么找到新的方法，去把品牌和消费者的关系拉得更近，做得更有趣。这一直是我喜欢做的事情，不会遇到挫折就说不玩了。这个行业很重要的一点是要懂得给自己排毒。"她强调休假很重要，不一定去国外旅行，就是全家在一起相处，做一些平常没有时间做的事情，也是一种减压的过程。

"天将降大任于广告人也，必将调其画面，改其文字，耗其心力，月经数调，终枪毙其创意。直至吐血三两，死去活来后重提。"作为广告人，总要面对客户需求反复变动、自身缺乏设计话语权、工作强度无上限等困境。黄浩挺感觉有时仿佛走钢丝，一次次比稿，不到最后关头，不知道是赢是输。他已经学会自我调节，"做人豁达点儿，不要患得患失，对自己有信心，格局大一点"。

"我们这一行要比别人看得快，因为好东西大家早晚都看得到，要赢，就要快。还要比别人看得新，那些概念、资讯，你第一个使用了，就拉开了和别人的差距。还要比人看得广。"每天晚上郑香霖会在床上放五六本不同专业、不同风格的书。"我这本读几页，读得闷了，那本再读几页，然后第二天再从昨天读到的地方继续。"

郑香霖曾看了18次电影《银翼杀手》，因为最初两次没看懂，特意去啃了厚厚的原著《克隆人是否会梦见电子羊》，看完原著之后大受感动，遂将其列为影片最爱，时不时地拿出来翻看。对电影的爱好为郑香霖在讲故事和视觉呈现上提供了大量养分，他尤其喜欢那些有多重线索、有挑战的故事。"我看了《盗梦空间》后，觉得一位高明的导演可以在两个小时内把五重梦境解释得这么清楚，那么我们两小时的比稿也一定也可以完成复杂的概念。这些叙事手法，我都会拿来学习。"

大佬的变与不变

> 这些昔日周游于金钱世界与中国式人情中的"人精",开始学会宽容,学会分享;不变的是他们始终心怀梦想,对广告从来抱有善意与好奇心。

彭德湘近些年一直辗转于台湾、香港和广州、北京、上海,感受到不同市场的广告人才以及氛围的差异。在他看来,中国经济在短时间爆炸性成长,造成广告人才跟不上,行业内挖人和跳槽频繁,"很多广告人马步还没站好,十八套拳就开始打了。有些广告人确实蛮优秀的,可是有点拔苗助长"。

广告业留住人才的确是困难的事情。这一行总在尝试最前沿的思想和技术,每年都在转型,不容易形成稳定的文化。别家开出更高的薪水就能将人挖走。郑香霖曾经对员工跳槽有点看不开,"有时员工跳槽前和我说自己的家庭出现了危机,但没两天他就跳到其他公司去了。我现在比较看得开了。我只希望大家能在合约期内做好工作,不要互相欺骗"。

气定神闲的周佩莲经常出现在业内的评审和评奖活动上,这样能分享到其他公司的更多案例,也将其拿给客户分享。"这种分享的感觉已经很不一样。以前,大家很担心让客户分享别的广告公司的案例,那自己的客户会不会丢了?现在我们相信,分享令大家都进步。"

黄浩挺有时会留恋刚入行时,"那时比现在的生存环境要好很多"。当时他尽管只是一个新人,但在提案的过程中可直接与客户的总经理进行对话,对方也尊重广告公司的专业性,"现在的广告公司里,每个人的面非常狭窄,只是一台复杂机器上的一颗螺丝钉,多你不多,少你不少"。

朱嘉华在2010年任广州4A执行委员会主席后,在协会内部发起了一场改革,执委跟主席的选举制度由任命制变成内部全民投票,并定期组织活动，大家对于市场以及行业各方面展开交流。看到业内的新面孔，朱嘉华充满期望，但不时感到可悲。"我发现现在的年轻人好奇心越来越弱，甚至不用心。我曾经问好几个做了几年汽车传播的广告人，汽车的涡轮增压是什么原理？他们居然不知道。""我们现在招人已经很难招到一些TOP毕业生了，这跟广告公司的起薪有关，也跟广告公司的劳动强度有关。晚上在街上去看，广告公司的灯一直都是亮着的。如果不能吸引顶尖人才加入，广告行业会失去新鲜血液。"

"如果我当初从事电影专业的话，也许会成为'李安'，也说不定到现在还在跑龙套，当然我也会享受跑龙套。我以前也想当个作家，因为我是写文案的。但现在我不遗憾，我喜欢这样，"彭德湘平静地望着前方，"我进广告界本来就是个偶然，一路走来，随遇而安。做一行认一行，做一行爱一行，这是我的人生选择。"

郑香霖曾多次说起过他的一个梦想，想要开一家书店，去里面的每个人看起来都很有书卷气，大家可以在里面看书、喝点东西、聊聊天。对于心中是否开始厌倦浮躁的广告江湖这一问题，郑香霖没有给出答案。

广告的舞台，随时欢迎王者登临。这是创意和名利的天下，欢迎搅局者。

第四章

精英的旗帜

伍继延："归来者"的旗帜

> 这是一个蓬勃发展、万象更新的时代。商人获得了自农耕文明以来最好的声誉，以时代英雄与社会偶像的名义，被青年一代膜拜。追求功利，进而求得个人财富最大化成了不少人逻辑正当的人生追求。一些社会精英一边加入尖锐批评的合唱团，一边四处出击忙于勾兑猛赚好处。
>
> 伍继延不屑于这种两面讨好的人格分裂，作为商人，他呼吁同行节制欲望，营造现代商会文化，推动公民社会的发育与成长。

眉头紧锁与器宇轩昂，最能反映伍继延当下的精神特质与文化气象。多年商海沉浮，让他见惯风雨，他愤怒于不少同行的蝇营狗苟与精神萎缩。这个求学于岳麓山下的男子，自小泽被湖湘文化，自然容易揭竿奋起，指点江山。"哀其不幸，怒其不争"，这种情绪凝结在他的脸上；伍继延舌灿莲花，精力充沛，天生领袖气质，加之其慷慨随和的大哥性格，最易赢得同行的敬重。这般行走江湖，光明磊落，自然风华不群。

海南出发

15岁考上大学，而后被时代风气感召，1988年，不满足做高校团委书记的伍继延南渡参加海南建省办大特区的实践，任职于海南体改办并被委派筹建海南改革发展研究所。

海南之于伍继延，是商海的起点。中国现代商业史有名的"92派"中诸多干将——冯仑等万通"六君子"、毛振华等，均于海南发迹。

"当时海南体改办是省委的智囊机构，也是省政府改革的执行班子。绝非坐而论道，既能当参谋，又能实践。这符合湖湘文化的知行合一的特性。"忆及当年之所以离开高校，心动海南，伍继延说："当时我深切感受到，知识分子面临巨大的社会变革，如果不抓住机会，全力参与，总会有无力感，也会被时代淘汰。"国家领导人对特区的厚望与特区百废俱兴的现状，激发了伍继延投身时代洪流的勇气。

作为智囊机构的一份子，伍继延对当年具体"参谋了什么工作"语焉不详，只记得工作不久，又遭遇人生的失意。

"我们那时身上有很多梦想，也抱有更多的想要改良这个体制的想法。"结果发现，"世界改变不了，那只好改变我们自己"。他们那拨南渡的年轻人喜欢一首叫《一样的月光》的歌。改变自己，首先就要争取财务自由。不被钱欺负，成为这群书生的理想。1992年，伍继延自筹20万元（包括万通团队给的10万元），注册了一个公司，名为"海南易通传播产业联合开发总公司"。和当年那些激情万丈的创业者一样，名号大而响亮，至于公司能做什么，能做到什么程度，谁也没琢磨清楚，"只是意识到文化产业将来有巨大的发展空间"。"运气好，倒腾几个月赚了一大笔。年底回长沙，在当时最好的宾馆开流水席，请的全部都是被钱欺负的朋友。我们把酒店所有的葡萄酒都喝光了。"

他曾动念拍摄电视剧，不了了之；也曾投资办杂志，由于种种原因没能办下去。

1994年，湖南电视台启动改革，湖南经济电视台开始筹办。有人找到伍继延，牵线谈合作。当时激动于制播分离的改革春风，伍继延认认真真地与相关负责人吃饭商谈，最后还是畏难退出。但与电视的缘分未了，1995年，从美国游学归来，伍继延因缘际会，又与大连电视台合作，开办了一个体育频道，"当了道长，除了节目由台里审查与播出外，其他的都由我负责。搞了一年，还是因为体制问题，选择了退出"。

热恋文化产业，激情而来，总是抱憾而去。伍继延的商业嗅觉不可谓不灵敏，而且他对文化产业的管理创新颇有建树。当时与央视谈合作，他已提出主创持股、年底参与分红等思路，伍继延在早期的文化投资项目不可谓不用心，但囿于文化体制政策的限制，加之社会资本投资媒体几无经验可借鉴，时运不济，基本折戟而归。

"流放者"归来

文化产业有前途，但总是"坑钱"。为了生存，伍继延在海南随大流开始炒作地皮，如愿赚到了人生的第一桶金。"赚了钱就搞文化生意，亏了，就搞地产。"海南开发热潮一过，伍继延返回内地，继续寻找机会。

1997年，重庆直辖。伍继延相信那里是财富与机会的新战场，于是转战重庆。事遂人愿，在重庆他做出一件至今让他满意的商业项目——"五黄路"。如今"五黄路"已成为重庆中央居住区的标志。因事业崭露头角，伍继延被在渝打拼的湖南籍商人邀请，参加重庆湖南老乡会的活动。

伍继延的口才与实力让老乡会的发起者心动，他们希望他能担起组织与主持在渝湖南老乡会工作的重任。"从体制内走出的人，过去习惯了有人管，习惯了有个组织。现在当了老板，烦恼来了：谁来管我？没有了自己的组织，遇到问题只有自己扛，没有交流，没有分享。"

断了体制的奶，伍继延习惯性地想重回一个"组织"，于是接过橄榄枝，热情满怀，准备一搏，继而心惊——"老乡会"居然连个章都没有，"不是一个合法组织"。几经折腾，时任重庆市工商联主席的尹明善愿意接受"老乡会"挂靠，但是要求"不能叫老乡会，要叫商会"。嘿，商会更符合老乡会的会员身份，伍继延爽快地同意了。

2003年初，"重庆市湖南商会"诞生了。伍继延一查，才发现这是重庆市第二家外地商会。而这个商会，也是全国第一家湖南商会，"当时出现的一些湖南企业家组织都叫某某协会，都是政府办事处成立的。歪打正着，湖南省第一个商会由民间办成。这似乎成了一个颇具象征性的暗喻，伍继延多年后倡导的公民社会的主体和推动力也都是他看重的民间组织。

与鲜见的湖南商会相比，"浙江商会""温州商会"倒是遍地生长。伍继延开始反思这个现象。五四以来，自从喊出了打倒"孔家店"的口号，一时"反传统"的呼声甚嚣尘上。作为中国传统文化支脉的"湖湘文化"，在这个市场兴起和经济全球化的时代，很多人包括湖南人自己都对湖湘文化产生质疑，湖湘文化是否能够胜任新时代的任务？在湖湘文化的两座高峰"湘军""湘政"之后，能否产生新的高峰"湘商"？

伍继延以为，文化还是要有一个积淀、一个复兴（现在中国人谈"文化复兴"已经成为时尚了），然后再创造的过程，所以他提出"湖湘文化的第三次复兴"：要谈创新，先得继承。复兴之为复兴，指的是先去"复"、去"兴"，有所指向，有所依傍，然后才能"变古为今"，再创辉煌，而非横空出世。

"所以我提出'湘商'是站在创造'湘军''湘政'的这些巨人的肩膀上的。我们的老祖宗给我们留下了这么丰富的湖湘文化的精神遗产，我们没有理由不自豪。偏偏我本人的名字又叫'继延'，我身体里流淌着的是湖湘文化的血液。"伍继延认为，商业文明已成为当今人类文明中最具有活力的文明资源，作为湖南商人，面对农耕文明养育而成的湖湘文化，就要有"重估一切价值"的勇气。这种重估，不是全面推翻，而是梳理与发现传统中的优良基因，依据当今的普世价值，加以有机整合，创造出属于湖南人的商业文明。

如此，就有了伍继延事业的第二春。伍继延充分发挥他的社会活动能力，鼓舌于政府，游说于商界，2007年，第一届湘商大会召开，自后开通湘商网、湘商杂志、天下湘商系列电视片相继问世。湘商，这个从未出现在我国商帮文化史上的区域商人组织开始广为人知。而2009年，伍继延率领百名湘商在湖南古城洪江寻祖，更是一种正本清源式的行动，这对向来注重传承与道统的国人不啻于一次无言的自证。

当时他领头诵读的由他起草的《湘商宣言》振聋发聩："天下湘商秉承湖湘文化所赋予的心忧天下的责任意识、敢为人先的创新精神、经世致用的务实风格、兼容并蓄的开放心态和实事求是的诚信作风，必将以自己的后发赶超向世人昭示——天下湘商的崛起，正在引擎湖湘文化的第三次复兴。"

"十大商帮，都该死去"

不得不说，伍继延是"92派"商人中最具反思与行动能力的健将。2009年，他就在媒体上公开宣称"十大商帮，都该死去"。以他的智商与情商，本不会发出这样会遭同行围剿的口号，谁都明白，现代企业家没一个不喜欢自己被列入某商帮的列传。

在伍继延看来，传统意义上的商帮是在通讯不发达、交通不方便、法制不健全的历史条件下，依靠地域、血缘自然形成的。那时，全国性市场没有形成，地域性商帮应该兴起。"当代社会环境发生了巨大变化，全国是一个大市场，中国加入WTO后又融入一个更大的市场，这两个大市场是趋向于统一的。因此，传统商帮失去生存的土壤而日渐衰亡。"

商帮当死，商会当立。但伍继延反对那种把商会当权力组织，以营利与弄权为特色的商会。渴望找到组织的伍继延干脆更进一步，他认为商会应是一个非营利性的NGO组织，"不是家庭，不搞任人唯亲或家长制；不是企业，不以营利为目的，更不能谁出钱多就谁说了算；不是政府机构，会长的权力来自会员的认可与拥护，而不是上级的任命，要真正做到全心全意为会员服务"。

"自由的市场经济天然向往平等，商人应该是平等的最大受益者。所以，我们的商会不应该充斥着权钱交易，发散着腐败的气息。"不得不说，在商会伦理与商会价值的反思上，中国商界尚未有如此系统并以某个商会为实践标本的企业家。

从一家商会文化的发展，进而思考整个中华商业文明的建构，伍继延开始了思想的深耕。他相信，迅速崛起并借鉴普世价值观的湘商文化，一定可以成为中华商业文明重建的重要的精神资源。

这个能脱口而出毛泽东的名言的湖湘企业家，并未顾盼自雄于本土文化，他反对专制，渴望法治，进而发掘出现代商会的另一面价值。在他眼里，商会当然是商人的自治组织，也是和谐社会的建设者。"建设和谐社会的主体是什么？我的理解应该是'小政府，大社会'，政府把一部分管不了、管不好的事，还给社会组织。民间商会刚好可以发挥这个作用。此外，我认为民间商会是民主政治的推动者。民主政治建设一定要有一些抓手，商会章程规定它是民主的商会，其组织形式也是民主的组织形式。这就可能（使）广大会员在商会活动中得到很好的民主训练、学习。"

不要让"靠山"最后成了"火山"

深厚的湖湘文化传统对伍继延而言只是一座富矿，而不是自夸于人的现成宝贝。譬如对湖湘文化中的核心价值——心忧天下，敢为人先，他就有如此的现代演绎：心忧天下，就不能总是只看远处，不搞基础工作，不能把爱国流于清谈阔论。对于商人来讲，心忧天下，首要是企业必须敢于承担社会责任，为员工、为社会、为环境负责。敢为人先，在法治社会，我们凡事要讲规则，处处为先，小心不违法。而民主是要讲妥协的，敢为人先，就改造为"创新能力"。如果在产品的研发与市场的拓展上做到人无我有、人有我强、持续领先，那么这个企业无疑是最具生命力的。

文化自有其延续性，创建一种新的文化，并非不问传统，而是要做现代性的扬弃。

刚开始，因为对商会提出了很多批评意见，伍继延承受着同行的批评与讥讽。"大家很奇怪，你自己发财了，就要大家这样不搞那样不搞，是你虚伪或者是另有所图？"伍继延说，有的事情多解释无用，"我要求大家的，自己能做到，是最好的解释"。而且事实证明，所谓的权力场上的"靠山"最后往往成了"火山"，大家越来越认可王石提倡的不行贿的重要价值。

作为利益至上的商人，伍继延不觉得自己对商人与商会的要求过分，这样的目的正好最大程度地保护了商人的利益。"商人是市场经济的推动者与受益者，而得到良治的商会，则反过来推动市场经济的完善与发展。那些埋头发大财，完全不讲道德、法制，以关系谋取不当利益的人，必将危害市场经济的发展与公民社会的建立。而一个无序无自由的市场环境，最后竞争是零和或负和的游戏，大家最后都是无法掌握自己的命运。"伍继延总是劝身边的朋友"风物长宜放眼量"。

这么多年，伍继延频繁地出现在各地的商会活动上，并以演讲、发表文章、出版图书等形式呼吁商会的价值重塑。"媒体冠我以社会活动家，我既认同，又不太认同。认同，是因为我现在主要精力确实放在商会建设上。不完全认同，是因为在我看来，公民社会的建设，是全社会的事情，每一个人都有责任积极行动，四处奔走，而不是旁观，所以在这个意义上说，每个人都是社会活动家，我非特例。"

推动商会的现代性建设，伍继延乐见其成，他相信未来。"我国现在城市化已超过50%，更多的市民的出现使公民社会的建设更有动力，而公民社会更是商会的生存土壤；民营经济半壁江山的地位更突出了商会的价值，越来越多的商人会寻求更具有可持续性的组织形态与活动原则；国家在顶层设计上，越来越重视民间组织，也逐步放开社会组织的注册；而具有领先意识的企业家或学者的积极行动，将进一步影响更多商人的选择。"

伍继延喜欢带外地朋友逛岳麓书院，这个千年学府，能给他带来更多文化的自信与反思的灵感。近几年来，他更喜欢与人探讨民国开国元勋宋教仁的命运与价值，那些长眠于蓊郁岳麓山的民国先贤亦成为他时下理解国运、拨开眼前迷障的重要的思考标本。

范以锦：先生很幸福

任职暨南大学新闻与传播学院院长8年，范以锦的"先生"色彩日益浓郁——授业解惑，著书立说；护犊情深，门生拥戴。60岁前，这个中国报业改革先锋以良知守护底线，以智慧应对挑战，与同事们共同缔造"南方报业"名动天下的传奇。有辉煌后的痛苦，亦有选择时的无奈；60岁后，没有"白纸黑字"的提心吊胆，范以锦找到了自己的幸福，智趣双修，善良的天性与有趣的性情得以灿烂舒展。他的"真、善、美"被"范门"弟子欣然领受，流转四方。

44年前洞庭湖毒辣的阳光仍不时晃进范以锦的梦乡。如果没有当年和连长关于插秧的日常对话，范以锦的人生坐标肯定与广州大道中289号这个中国著名的门牌号码失之交臂。那时他暨南大学毕业，和同学们一起劳作于湖南洞庭湖西湖农场，凌晨3点起床，晚上10点收工，"连长喊我过去，根本不知道旁边还有人在观察我的表现"。

1970年下半年，自知"又矮又瘦"，自傲"是党员和学生干部"的范以锦顺利地进入南方日报社。2006年11月，范以锦"安全着陆"。36年的光阴，他在中国报业史上刻下名副其实的"范以锦"时代。"媒体情感我从一而终，计划分配年代不由你选择，还好，我爱上了。"2011年11月17日，范以锦在新浪微博上给他的178万粉丝写下自己的就业观。是时，他已在母校暨南大学新闻与传播学院院长的岗位上任职5年。

范以锦转身成为范先生。他不仅在高校郑重地执起教鞭，而且也走进乡村学校。2013年10月，范以锦以《精英》杂志"幕天讲坛"创始发起人的身份，在陕西乡村学校的操场上与孩子们分享自己少时的梦想，检讨人生道路的选择。

光荣后的如履薄冰

> "防止因为报道不当将矛盾激化，新闻人应该有这个社会责任。"

2014年6月10日上午，南方日报社旧印刷厂的报纸传输带旁，68岁的范以锦将一个印有"南方日报"字样的遮布摆了又摆，他用手机调整角度，拍了又拍。从南方报业退位8年的他，久违了这里曾有的繁忙。"我任上时，经常来这里看报纸印刷与派送的情况。"如今，印厂搬离，物是人非。这是一个适于回忆的场景。

1970年，走进南方日报社大门，范以锦称了体重，75斤；去湖南西湖农场时99斤。农场劳动量太大，油水都被榨干。进入报社，有工资拿了，还能接济家里。范以锦庆幸万分。"我们当时读经济的，有些同学毕业后去饭店端盘子或去商店卖咸鱼。广东某地有一个笑话，学西班牙语的被分到医院的牙科，因为有个牙字，以为是研究牙齿的。"

幸运的范以锦做了记者。邓小平抓整顿时，范以锦去一个小煤矿采访，调查这个煤矿整顿和消除派系、恢复生产的事情，费时一个星期，"派系消除了，路线端正了，生产也上去了"，以这样的标题放在了头版，"当时反响不错"。之后，范以锦又以来信的方式，反映这个矿在粉碎"四人帮"后人心凝聚、生产上去的大好局面，文末署名"本报记者范以锦"。他是广东报刊在"文革"后第一个署名的记者。

十一届三中全会后，范以锦在梅州记者站写下不少支持农民大包干的报道。

范以锦曾在一篇《负面报道不是负面影响》的文章中清晰地点明："有些人躲在冠冕堂皇的概念下报喜不报忧，逃避社会责任和舆论的监督。"范以锦任南方报业传媒集团总编辑时，继承前任总编的好传统，"每周一篇批评报道出现在《南方日报》头版，有时还放了头条"，"把机关报的舆论监督职能发挥到了极致"。

"社会矛盾越来越突出，就要求你的报道要平稳一点，收敛一点，避免因为报道不当将矛盾激化，这个是可以理解的。"范以锦在一次与杨锦麟的对话中说道："新闻人也应该有这个社会责任，但是，利益集团的干扰是不正常的。"

"传闻几次做方案要调整我的位置，我说保留我的政协委员就行了。我哪里也不去，不当领导也可以，只要还是南方报人。"范以锦告诉笔者，作为领导，报纸被问责，就有责任去沟通，力求化解危机："我不在乎自己的乌纱帽，我在乎报纸不改革发展会死亡，不考虑国情，盲目往前冲也有危险。"

"报社领导岗位是光荣神圣的岗位，而在这个岗位上又会碰到陷阱，如履薄冰。"2006年11月15日，范以锦发表离任感言，8次被场下自发的掌声打断。他与集团各届班子缔造了中国报业改革成功的标杆——《南方周末》和《南方都市报》《21世纪经济报道》《新京报》先继崛起；广东省委机关报《南方日报》亦以出色的革新意识赢得领导和市场的双重认可。

良知与无为而治

　　　　基于良知保护人才，这不是问题的全部。"良知肯定有一个统一的构成，你不能强调良知，一味反对管理，也不能强调管理，抛弃良知。"

　　"你做的报道不错，这篇报道或许成为《南都周刊》的转折点。"2012年12月，《起底王立军》的主创石扉客在参加财新传媒领袖培训班后，被范以锦叫上车。石扉客此时是南方报业《南都周刊》的编委，2012年，他冒着风险与同事合力围猎那位曾令一方山水黯然的警界枭雄。杂志甫一出街，就被一抢而空。范以锦以传媒研究者的身份表达了对这篇报道的肯定。

　　更令石扉客感动的是，2013年，石扉客收到范以锦的微信，大意是：曾和其他专家一致荐举《起底王立军》为某协会2012年深度报道一等奖，但未被采纳，遂决定空缺一等奖。范以锦表示遗憾。离开南方报业，现已是《博客天下》主编的石扉客向笔者感叹："老社长体制内的努力与为人的实诚，着实让我感动。"

　　爱才惜才，自然懂得如何保护好人才。这是范以锦在任时的基本功。有一年，旗下一家媒体因一则报道被上级严厉批评，要求撤掉负责人。看来祸闯得很大。范以锦认真看了报道，听取汇报，基本认定：有能力保护他。"文章报道的内容本身没有什么问题，主要是报道的人中有些比较敏感。"既然事情闹这么大，处理是一定要的。如果调离负责人，"会引起动荡，很快舆论会沸沸扬扬，那家媒体也会垮下去"，范以锦建议采取一个温和的办法——降职，"执行主编变成副主编，让分管社委去兼职主编"。"那你说执行主编大还是副主编大？"范以锦笑着反问笔者。上级领导也算开明，采纳了范以锦的意见。

正如范以锦所言，这家被处罚的媒体正是以这组报道为起点，开始了市场上的狂飙。

有人说范以锦对部下的保护出于良知。范以锦坦诚分析："良知肯定有一个统一的构成，你不能强调良知，一味反对管理；也不能强调管理，抛弃良知。"

"对有才能的部下，除了保护，也要学会无为而治。什么叫无为而治？如果我的下属在某些方面比我强，就放手让他干，少管点。"范以锦告诉笔者，他现在骄傲的是，到全国各地去，时不时碰见南方大院出去的报业精英，"约我喝茶聊天"。

传承，需要勇气和智慧

"担当、责任、创新"这些品质，构成了"南方基因"。有了基因，并不意味着就能成功。要一代一代接棒传承下来，往前推进。

范以锦的办公室房门总是敞开的。"这样方便同事来找我。"范以锦向笔者解释，这是几代南方报人留下的传统。20世纪80年代，一天，有人闯入时任社长的丁希凌的办公室，打了丁希凌两巴掌。丁愕然，后来才发现，打人者是疯子。"可他并不会因为这两巴掌就在门口设个门槛。因为在老丁看来，这个是很意外、很偶然的事。"范以锦说那时很多领导的门都是敞开的，谁都可以进来跟他聊天，无论是领导干部，还是印厂工人，"也不叫丁社长，我们都喊他老丁"。

丁希凌有一个特点：出差住招待所，一早起来洗完脸，把洗脸水逐个端到同事房间门口。"他是一个非常平易近人的人，对工作、对员工要求很严格，但是他有很人性的一面。"

新中国成立初期创办《南方日报》的副社长杨奇（后担任《南方日

报》总编辑。1957年参与创办《羊城晚报》）一生坚持"文人办报"的思想，范以锦很敬慕他。杨奇在新中国成立初期搞舆论监督的态度很坚决，他曾经在《人民日报》上发表文章，批评广州市常务副市长。"现在我和杨奇还有来往，他90岁了，可是思想还是很开明，常常谈到报纸的舆论监督和不要讲假话的问题。"

"南方报业品牌的形成不是我的个人功劳，这个品牌是经历届班子带领员工长期积累发展起来的，到了我这个年代，有个好机遇，我进行了理论的概括，在中国报业领域第一次使用品牌的观念。"范以锦认为"责任、担当、创新"这些品质构成了"南方基因"。"有了基因，并不意味着就能成功。要一代一代接棒传承下来，往前推进。基因的传承，还是需要勇气和智慧的"。

"我不是有本事的人。但作为社长，我有责任把最有本事的人用到最关键的岗位上。"在讲领导者的艺术时，范以锦喜欢把自己定位为"一块磁铁"，在他周围，形成人才聚集的磁场。一个脑袋是解决不了问题的，必须把众多脑袋用起来，发挥大家的智慧。智慧的发挥要靠人的凝聚力，"凝聚力就是要他心情舒畅愿意去做这个事"。

有趣的"新新人类"

进入高校，继而进入微博，范以锦没有了白纸黑字的压力，传道授业的天性得以释放，没有遮拦的童趣亦淋漓展现。

2009年12月19日，"正在和范以锦老师一起玩微博，前辈比我还新潮。"上海交通大学传媒经济与管理研究中心主任谢耘耕教授在新浪微博上打了声招呼。范以锦落户新浪微博，立刻有粉丝涌上，有学生和前部下来打招呼的，有求关注的，范以锦基本一一回复。范以锦说他是在北京开会时向谢耘耕学习玩微博的。

与在集团社长任中的沉稳与克制的形象相比，在微博里，范以锦基本上恢复了童真的形象。"我因事找'云南伍皓'，发私信两天了，不见回音。恭请'博'友们'肉'一'肉'，看能否将他'肉'出来！"微博没玩几天，范以锦就抄起了网络语言，粉丝们热烈跟帖，各种帮忙。不久，范以锦在微博胜利宣告，"已联系上伍皓"。

微博不只是范以锦人际交往、开展传媒观察的阵地，更成了他与粉丝分享人生的茶座。教师节时，他痛快地向学生宣告，"今年过节不收礼，要收就收微短信"。2011年底，学生们开始找工作。范以锦微博上忙着与粉丝交流就业的话题。一个月后发现，他的诸多微信可以整理成就业系列。"然后我想，是不是可以设置议题。后来就有了学习篇、见习篇、伦理道德篇。"一不小心，结集出版的《新闻"微"茶座》成为全国第一本新闻类的全微博体书。"连序言都是微博体。"时年95岁的新闻学泰斗甘惜分是新浪微博认证的最年长的博友。范以锦敬仰其人品才学，私信甘惜分，请他写序。其时甘惜分卧病在床，他口述，儿子笔记，他再订正，家人将其序以私信的方式发送给范以锦。中国人民大学新闻学院副院长喻国明教授赞许此书："作为新闻学的领军者，范老的微博式学术话语，更像当年孔老夫子的论语式的表达。"

用南方报业传媒集团副总编丘克军的话说，微博上的范以锦是不折不扣的"新新人类""范老师年年都是学院发表论文最多的教师"。王悦是范以锦的研究生。在未进"范门"前，他就是范以锦的粉儿（粉丝）。第一次去导师办公室，"一进门，范老师就给我倒茶，看我满头汗，还找纸巾，一下子感觉就近了，原来大V（获得个人认证、拥有众多粉丝的微博用户）这么好接触。聊了一下午，他一高兴，送了我五本书，本本都签了名"。

范以锦有给学生布置写作任务的习惯。"他很公平，往往在与同学吃饭聊天时就点名，下一次该你写文章了。"范以锦强调，8年来发表的一百多篇文章，三分之一是自己独立写成，三分之二是和学生联合写作，"没有一篇是学生写了拿给我署名，借我的名字发表，我不做这样的事"，"绝大部分是我提出问题。学生拿提纲，我梳理，最后我改定。我一般把学生的名字写在前面，因为学生写了初稿，我尊重学生。"

范以锦的机敏给王悦留下深刻印象。2013年3月30日，广州星海音乐厅，2012年度南都奖学金的颁奖礼如期举行。王悦获二等奖。主持人介绍嘉宾时，范以锦第一个上场，全场掌声雷动，有吹口哨的，有叫好的。"享受的是明星的待遇。身边是各地来的获奖学生，我当时就很骄傲：这是我的老师，你们羡慕吧。"

范以锦的临场急智亦令观众意外。主持人调侃："看来范院长的普通话，这两年虽在高校里，也没见长啊。"范以锦笑笑："我见到南都的同事就像回家了，我回家就很自然讲家乡话啊。我讲家乡话你们能听懂的，是吧。"全场大笑。

"虽然我老了，但是接触的都是孩子，当然有幸福感。"范以锦现在身边有一批硕士和博士研究生，他乐于与学生在朋友圈、QQ群中交流，谁交朋友了，谁胖了，他都会"八卦"地先说。王悦说："有时我们都惊讶于他的敏锐，消息从哪里来的？"

父辈的旗帜

淡泊名利、自得其乐，算得上是范以锦的家风。不争而有为，为而有乐，构成了范以锦人格的两面。

范以锦快退休了，各方在打探。他拒绝了几家单位的邀约，"不是为了赚钱。要干，就是干我能够干的"。一次，他接到暨南大学校长助理的电话，对方希望范以锦到暨南大学新闻与传播学院当院长，"我说到处传言我要退，那就等正式宣布吧，那时我就去"。

"报社当领导的时候，有许多规定动作，不是你想干什么就干什么，有些事情不想干也得干，而且不能慢，动作要迅速。"范以锦觉得到学校就不同了，"这是充满深沉思考的地方，你可以静下心来研究学问，有时间对现实和未来认真思考。"

正式从南方日报社退休，范以锦接到杨锦麟的电话。"他是我退下来以后第一个跟我说要见面的。"杨锦麟专程从香港赶到广州，带了台湾茶。范以锦问他有什么事，杨锦麟说没有事，"纯粹找你聊天"。"那是我们第一次见面。"

范以锦的激情，在高校再次迸发。进入暨南大学后，范以锦做的第一件事就是与南方报业合作，创建"暨大准记者南方训练营"——暨南大学每年暑假前从新闻与传播学院选拔本科二年级学生参与训练。南方报业派出业务精英进行培训，然后在暑假让学生进入南方报业见习，对他们实习期间的表现进行考核，并建立联系档案，长期追踪考察，从中挑选优秀人才。吉林大学原校长刘中树教授评价："暨大准记者南方训练营"是具有开创性的成功的人才培养模式。在范以锦的倡导和支持下，暨大新闻与传播学院通过建立的训练营、特训营、创新基地，以及每年一次的"传媒领袖讲习班""打通了与业界的联系，强化了理论与实践的结合，使学生受益匪浅"。

谈及这些创举，范以锦颇感欣慰。这也符合他花甲之年给自己的定位——"我现在的原则，少干事，干力所能及的事，干有实际意义的事，干能干成的事，能干有影响力的事当然就最好了。"

淡泊名利、自得其乐，算得上是范以锦的家风。从他父亲范联盛开始，这样的薪火就开始燃烧。范联盛在反右、大跃进前后曾担任乡长、副镇长。1958年9月，范联盛打听到司机紧缺，便请求辞去领导职务改行当司机，很快获批准。他先后在汽车站、邮局、医院开车，1964年起到县委开车。"曾经身为官员的父亲当上司机后毫无失落感，反而变得异常兴奋。再也没有人找父亲麻烦了。"

回忆起父亲，范以锦总结道："我的父亲是一个非常淡然的人，没有过多的欲望，满足感非常强，不追求过多的东西。"如今，范以锦的儿子在电信技术领域沉潜专注，收获着属于自己的快乐。

父亲范联盛以工人身份退休多年，后来又接到通知，说搞错了，让他重新按干部的标准领工资。"父亲只是笑了笑，没有特别在意。"范以锦永远记住了父亲的那份淡然。

对话　纸媒不可能那么快死

"我喜欢有个性的员工"

笔者："幕天讲坛"重在发动社会精英关注乡村学生的人生成长，你是"幕天讲坛"创始发起人，你觉得我们的学校教育有什么弊端？

范以锦：一个反常的问题是，从小学开始一直到高中毕业，本来是最需要生动活泼，给孩子更多的自由，为孩子健康成长打基础的时候，孩子们却变成书呆子，没有自我。但是到了大学就反过来了，很轻松。我觉得这种状况的困境在于没有压力，要中小学生很自觉读书是不可能的，因为他是孩子。问题是这个压力太大，需要减压，可是目前就是谁减压谁吃亏、谁上当。现在升学就考分数。

笔者：在报社时，需要和许多有个性的新闻人相处，你的相处之道是什么？

范以锦：我喜欢有个性的员工，没有很强个性也是他的个性嘛。有个性的人就可能争议比较大，同事中有部分人会不喜欢，领导也有可能不喜欢。但有个性的人往往做出有个性的项目。有个性的报纸和人的个性有一定的关系，当然也不是完全划等号。作为领导，要尊重他的个性，发挥他的个性，将他的专长用得更好，一旦他的积极性调动起来了，他在这里干得非常愉快了，这时你去指出他的问题，该批评的批评，该说理的说理，他会听你的。

笔者："文人办报"的观念现在落伍了吗？

范以锦：我们是事业单位，要服从上级的指示；又是企业，自负盈亏。我们不仅要办出社会效应，还要有经济效应。我们要养家糊口，那必须企业家办报，但文人办报的气节不能全丢了。如果一味顺从官场这种游戏规则，那就很难办出一张好的报纸。官员办报、文人办报、企业家办报，三不像，又三个都必须有，这是比较难的。

领导也不是完全掌握情况

笔者：三不像中你最像哪个？

范以锦：我就是想要把这三个特点结合得好一点，三个我应该都有一点，但做得好不容易。我确实有担当精神，但也不是什么都敢对抗。游戏规则是常态的，你不按游戏规则来办是非常态的，非常态的只能适可而止地用。南都案件为什么敢顶，那是忍无可忍了，那是一种底线，那时就是想豁出去。一般正常情况下，你所处的环境没有到那么窝囊的地步，你没有必要付出太大的代价，还是要注意分寸。

笔者：在新媒体日益进逼的当下，传统媒体从业者如何建立职业荣誉感？

范以锦：现在我们处在转型期，是非常痛苦的。现在破坏性的意见很多，建设性的意见不多。所谓破坏性的意见就是看什么都不行，很迷茫，找不到出路。现在还在探索当中，处在转折时期，这个时候应该怎么做，没有标准答案，没有直接解决问题的灵丹妙药。现在搞纸媒的人要坚信一条，纸媒是一个传播的平台，不可能很快完蛋，总是有一部分人要看，国家最终还是会保护纸媒的发展。但是会有一部分垮掉，那是肯定的。我们还是要有信心，纸媒不可能那么快死，虽然有的会死，但"肯定不是我而是别人，要有这个自信"。

笔者：出于良知保护部下，但是这种保护有时和你的职责是冲突的。

范以锦：良知也需要沟通，但是如果沟通不了，上面下令，那你也顶不住。我觉得能沟通的情况下尽量沟通，因为领导也是人，领导也不是说完全掌握情况，包括他的知识面，包括他对一些问题的把握，有机会跟领导反映情况，采取稳妥的办法解决问题。当然，最终上面拍板了，也必须"下级服从上级"。这是纪律，也是国情。

笔者：这种对边界的把握是一种艺术，你觉得有没有一种标准？

范以锦：这是长期实践经验的积累。要注意去观察，去分析，去研究，所以我就讲还是要内行去把握，包括你对社会环境的把握，对管理制度的把握，对新闻内部的把握，内行的话你就知道它的分界在哪里，当然还有个人的勇气，良知。如果你老想，为什么我要得罪领导啊？如果我跟着执行的话可以把这个责任全部推给领导。我觉得这是不负责任，对领导也没有好处。其实，有些决策向上反映后，也会被采纳的。

"生为新闻人，死为新闻鬼"

笔者：从集团领导岗位退下来的这几年是什么样的状态？

范以锦：退休以后，可以说"解除装备"了，轻松了。搞报纸，白纸黑字，一切思想观念都会呈现在报纸上，一目了然。当领导的时候整天就为这些提心吊胆，不知道哪天会出现什么问题。在大学里就不存在这种问题。大家都是自由地交流，跟报纸完全两码事。现在就是一种很轻松的状态。

笔者：从事报业三十多年，你认为最值得骄傲的事情是什么？

范以锦：虚一点来说，我这一辈子从事新闻事业，为新闻事业奋斗一辈子，就是最值得骄傲的事情。我一参加工作就当记者，退休至今，进行传媒研究，每天还是看报纸，关注舆论。我很自豪，我一辈子是新闻人。生为新闻人，死为新闻鬼，没有动摇过。比较实在一点来说，值得我自豪的在于我在推进南方报业多品牌战略、人才战略时员工的认同感。当年我们虽然经历风雨，但是压力都是来自外部，内部员工还是很认可很支持我的。

笔者：离开南方报业，有什么遗憾吗？

范以锦：当年我提出媒体多品牌战略的出发点，重点还是打造内容品牌，通过内容的影响力来推动发展。但是我来不及做的一点是，从产业布局来说，视野还不够开阔。应该在报纸之外的跨行业上做一些努力。南都事件也有遗憾，并不圆满。但我尽力了，想要更圆满一点可能也有困难。

范以锦，暨南大学新闻与传播学院院长、教授，"幕天讲坛"创始发起人。1969年毕业于暨南大学经济系，1970年进入南方日报社。曾任南方日报社社长、总编辑，南方报业传媒集团董事长。1992年起享受国务院有突出贡献专家特殊津贴。入选新闻出版总署主管的《传媒》杂志2003中国传媒业"英雄榜"风云人物。荣获广东首届新闻终身荣誉奖、台湾第三届星云"真善美"新闻传播奖。

吴敬琏：不折不从，亦慈亦让

在中国经济学界，他以敢言著称，被誉为"中国经济学界良心"。但即使在他至亲女儿眼中，看到的也多是他的不露声色，"像是一本摆在身边的书，却始终没有完全翻开过"。

2002年10月初，吴敬琏受邀到内蒙古阿拉善月亮湖召开泰山研究院的年会。湖水滋养着无数鱼虾，成群的野鸭、灰鹤、红雁、鸳鸯在芦苇丛中游弋。吴敬琏正陶醉在湖光美景中，突然，他听到远在沙丘处的柳传志大喊：沙尘暴来了！

抬眼望去，天际聚成一条黑线。十分钟后，沙尘黑压压扑面而来，打到脸上生疼。北京的沙尘暴主要从这里刮过去。这不是吴敬琏第一次置身风沙中，2004年，当专注环保治理的阿拉善SEE基金会成立时，吴敬琏欣然应邀担任理事长，"现在需要做的事很多，需要改革，还要还过去我们人类欠下自然的账"。于是，在尖锐的学术追问间隙与繁忙的工作日程表上，公益课题和行动成了他另外一项重要安排。

毋庸讳言，吴敬琏被世人追捧，一部分的感情加分来自顾准这个计划经济时代的思想先知。吴敬琏被视为顾准思想的衣钵传人。他最佩服的人就是顾准，他说："顾准是一个卓越的思想家。"

1974年12月3日，弥留之际的顾准把自己所有的手稿分别托付给吴敬琏与胞弟保管，说给吴敬琏的最后一句话是：打开行军床，睡觉去吧。这句表面寡淡但哀伤入骨的遗言，多年来一直掩藏在吴敬琏内心深处。如果不是1998年一本名为《民间的回声：〈新民报〉创始人陈铭德邓季惺传》的书问世，顾准的遭遇与凄凉之死对吴敬琏的冲击不会为外界所知。

邓季惺这个名字，在今日或许不如"吴敬琏的母亲"来得响亮，但作为新中国成立前的"新女性"，正是她将一间不到10人的小公司改组成为名噪一时的《新民报》，也就是今天《新民晚报》的前身。

奶奶的传奇往事，让孙女吴晓莲心中涌起破解家史的冲动，她决定接受父亲吴敬琏曾经的建议——为他撰写传记。

吴敬琏给女儿谈起了顾准离开当日的情景。对于"谈感情就像拔牙一样艰难的父亲"，吴晓莲想以此为突破口，集中精力追问吴敬琏当时的所思所感。"我在回家的路上觉得很冷很冷，觉得那是一个冰冷的世界。顾准就像是一点点温暖的光亮，但是他走了，但还是给我们留下了光亮。"吴晓莲触动颇深，青年时爱好文艺的父亲回来了，父亲的深情与冷静、孤独与坚定，瞬间放大，刻骨铭心。吴晓莲补访母亲，母亲追忆：回家后吴敬琏痛哭了一场。

追求真理，守护良知，恩师顾准的学术品格在吴敬琏身上展露无遗。在20世纪90年代初，顶着巨大的政治压力，吴敬琏接连上书中央政府领导，坚持市场经济。

他曾与计划派学者当面论证，被冠以"吴市场"这一当时带着贬义的帽子，而他亦不曾退却。

说真话，即使在学术之外，吴敬琏也表现得淋漓尽致。一次会议上，一位发言者多次提到"三年自然灾害"这样的历史表述，一旁的吴敬琏起初沉默，最后实在忍不住了，拿过话筒直讲，"自从有的电视台用'三年自然灾害'描述当时的三年大饥荒，我就再也不看那些所谓的节目了。"

"不折不从，亦慈亦让"，张充和评价沈从文的名句，形容吴敬琏，亦为恰当。良知、真话，赤胆，仁心。这位八十多岁的经济学家，躬逢对学术需求高涨的时代，声名日隆，却始终坚守批判的立场；同时也在艰难地试着剥去思想的旧痂。于他而言，所有的欠账——不只是人对自然的伤害，都要归还；要还，而且要趁早。

日久见人心

笔者：如今做公益慈善事业的人越来越多，但也出了不少事，有人借公益之名沽名钓誉，有人说中国没有做公益的传统文化。

吴敬琏：这个我想有一定道理，但也不是没这个公益的传统。新中国成立前中国是个宗法社会，它是有做公益慈善的功能。活动的场地就是祠堂。现在我们需要培育符合现代观念的公益文化，一点点做起吧。这个日久见人心，你坚贞地做公益总是好事，当然做公益有各种各样的方式。出现问题了，大家要平心静气理性地讨论。比如说发红包这种做法，我就听到有的做公益的人很不赞成。你发红包，用完了就完了，最重要的是，我们做慈善、做公益，要发挥其创造能力，这样的公益慈善才是永续的。

笔者：怎么看待社会企业家这个说法？

吴敬琏：社会企业家是一个争议很大的问题。有些人反对，我还是觉得我们有必要做这个实验。我们乐平基金会在成都做了一个小额贷款公司，还做了一个无公害蔬菜培育基地，都有社会企业家参与，不过这些项目我们基金会都控股，我们要把握方向。公司也讲究回报，是有分红的。我们的基金会拿了分红后，会继续投入公益。我们发起者个人不是股东，是乐平基金会在控股。

敬畏自然

笔者：除了阿拉善，你还参与哪个公益组织？

吴敬琏：我和另外一个基金会很熟，叫富平基金会（乐平基金会的前身）。我和林毅夫、张维迎等人一起为这个基金会募集资金，到账1800万元。基金会的一部分钱投到北京富平家政学校，那是一个培养保姆的机构；一部分钱做小额贷款公司，山西的小额贷款公司大家比较熟悉，成都的比山西的盘子大。这个基金现在做一个无公害蔬菜培育项目，也做物流配送。这些项目的目的都是帮助贫困地区的农户更好地生产生活。我们经济学家以自己的社会影响力帮助了更多需要帮助的人，自身的价值又在学术之外体现，当然很快乐。不过搞公益，做慈善，具体的运行，还是需要更专业的人才。

笔者：环境的恶化，除了经济的高速发展带来的恶果外，还有什么需要注意的？

吴敬琏：我们年轻的时候得到的教育，就是"人类征服自然，人类改造自然"，这种思想深深地烙在我们好几辈人的心里。所以，人类不敬畏自然，认为可以作为自然的主宰，做了很多断送我们未来的事。这种思想、这种理念是不是有了改变了呢？我想要改变起来还很困难。

让更多人能够参与享受经济发展的成果

笔者：要深化改革，如何面对既得利益者的纷争？

吴敬琏：什么是既得利益者？绝大多数人都是改革开放的既得利益者。我们现在需要警惕的是特殊既得利益者。这些人是靠权力得到利益的阶层，我不赞同现在的一种说法，称我们现在的主要矛盾或者断裂发生在富人和穷人之间。但确实是有这个问题。企业家要与权力保持一定的距离，太靠近，最后终被权力吞噬或伤害。如果目前各种社会思潮能够在理性的平台上充分争论，对于推动中国实行平稳的社会转型将是很有帮助的。

笔者：完全不上微博吗？

吴敬琏：我有那么多的书要读、要写，没时间上。不过，我挺佩服于建嵘，他有自己的研究课题，要写论文，还要在微博上跟人争论，做公益。这些，我都是听朋友讲的，我年纪大了，真没这些精力。

手记　动手动脚找东西

采访的人一拨接一拨，82岁的吴敬琏仍耐心地回答记者的提问。其间，他提醒记者，不要问太具体的问题。对于每一个要求拍照的嘉宾，吴敬琏都一一满足，尽管他知道，这些孩子们未必喜欢他的尖锐和他的啰嗦。

陪送吴老师回家的路上，老先生主动讲起最近的时事，"飞机上打架，都好几起了，都是什么事儿。"尽管他说不上微博，但对微博红人于建嵘他相当了解，他絮絮叨叨，没有了讲台上的宏大与严肃，多的是老人的慈祥与琐碎。"我的肺和心脏不好，早上7点起床，吃过早餐后，做有氧运动，不打太极。"他所说的有氧运动，就是健步快走。车在北师大的一座老式公寓楼停下。夜晚的树影下，老人昂首前行的身影，居然没让人生出寂寥与落寞。对于这个自20世纪80年代一直处于中国学术热潮中的老人来说，忙，成了他人生的主旋律，他习惯了。

他不善于表露感情，他隐忍着个人的一切，而力促学术光大、家国发展，似乎成了他的生命真义。这个额头宽大不善幽默的人，很少有人能看到他的惆怅与叹息，即使他的至亲女儿，看到的多是他不露声色的严肃。

"像是一本摆在身边的书，却始终没有完全翻开过。"

少年时代，吴敬琏最喜欢理工科，他心灵手巧，特别喜欢拆拆装装。家里的钟表，"总爱拆下来，探究一番，鼓捣鼓捣，再装起来"。家里有东西坏了，他就去修。如果没有时代的风云干扰，他会如那些富家子弟，留洋求学，做西装笔挺、幽默诙谐的大学教授或跨国公司的总工程师。

压抑而不正常的时代打破了吴敬琏的梦想。幸运的是他碰到了思想的启蒙者——顾准，而肩起时代重托，似乎成了他们这一代觉悟了的知识分子的自觉追求。为了追赶失去的年华，他们几乎成了工作狂。

吴敬琏在"文革"干校中学会了一手木匠活儿。他总是鼓励女儿勤于动手，还告诉她们在各种手艺里，木工是最高的。这多少体现了他少时想做工程师的梦想。

史学大家傅斯年说："上穷碧落下黄泉，动手动脚找东西。"强调了一种重调查实践的学术精神。吴老师说现在他动手写文章前，先下去调研，经常去江浙和广东，文章初稿完成，修改文章时，再下去调研。

庆幸眼不花，耳不聋，吴老师说他现在太忙，有做不完的事情。他恐怕忘了，他曾经告诉女儿，等以后退休了，要找间大房子，重新操起木工活儿。

但照这情势，木匠活儿，这个手艺怕是要生疏了。

雷平阳：故乡的"仆役"

在云南这个中国诗人的原乡之地，雷平阳架设了云南通往世界的心灵栈道。"昼为仆役，夜是国王"，在众声喧哗时，他深耕云南，甘做书写故乡的"仆役"，日拱一卒，以坚持消融争议；在云南神奇的山河间，他"国王"般逡巡，深情，如"针尖上的蜂蜜"，迷醉四方。

　　时隔多年，客居云南大理的诗人潘洗尘还记得这样一件事。那时他主编一份诗歌刊物，向一位云南诗人约稿，电话未接通，不久，接到对方短信：我在基诺山上干活，拍蚂蚁。"神人，专门抽时间躲在山上拍蚂蚁，第一次听说。"潘洗尘向笔者追忆时连连赞叹。

　　见多识广的潘洗尘和这位"神人"第一次相逢，是在纸上。那大约是2005年的事情，"我在哈尔滨，虽不写诗了，但全国的诗歌刊物基本全订着，《澜沧江在云南兰坪县境内的三十七条支流》（下文简称《澜沧江》）就是在一本诗刊上看到的，当时感觉作者的写法另辟蹊径，令人非常震撼"。

　　1983年，潘洗尘就以一首《六月，我们看海去》声名隆著，作品曾入选中学语文课本。两次给予潘洗尘震撼的"神人"，是"长得平凡"的雷平阳。"很多诗人，八十年代很牛，九十年代陷入平凡。雷平阳，让我另眼相看，他是每隔几年就能出一个经典作品的神人。"

2014年年10月23日，云南大理。这座魅力小城的文化名人悉数奔向一场名为"山水课"的书法展览。被潘洗尘赞许为"近20年中国最好的几位诗人之一"的雷平阳，正是这次书法作品展的主人。而潘洗尘，不是以诗刊编者，而是以展览策划人的身份，与老朋友再续诗坛佳话。

从争议到追捧

雷平阳曾立下宏愿：对云南的几条江和几座神山进行调查，进而为之立传。每逢创作假，"挎上一个包，包里放个笔记本、几支笔、照相机"，雷平阳就上山了。常待到"鼻毛撑到嘴唇上，胡子也长了，像毛长嘴尖的人猿泰山"。

在朋友眼里，雷平阳，这个喜欢眯着眼笑，笑起来还有那么一点痞气的诗人，不喜与人拉帮结派，但以诗闻名全国之初就引起争议。

"数以百万计的人为一首诗的好坏展开激烈争论。继上周上海、北京等地一拨新锐诗人被搬上8月号的《时尚先生》，一首《澜沧江在云南兰坪县境内的三十七条支流》来势凶猛。不久前，《羊城晚报》和'天涯网站'等媒体对此进行了'全民式'的大讨论。"这段话源自2005年8月10日《东方早报》的一篇报道。

《澜沧江》全诗35行，2005年首发于《天涯》杂志。"澜沧江由维西县向南流入兰坪县北甸乡/向南流1公里，东纳通甸河/又南流6公里，西纳德庆河……"2005年7月在海南尖峰岭举行的诗会上，《澜沧江》便成了争论的焦点。有人热烈褒扬，学者臧棣认为，《澜沧江》一诗"在它的固执的罗列里，有一种固执的不同寻常的诗意"；《天涯》杂志主编李少君也对该诗予以肯定，他认为，"其独特的个人经验与地域特征结合得精微得

云南的大山大河让雷平阳感受到"老僧"笑谈的禅意。

当，但同时又有某种大气象"。

但也有人对该诗的价值表示"怀疑"。厦门城市大学中文系教授陈仲义以该诗为开端，指出了当今出现的"类型化写作"征候，并严肃地批评了它的"格式化"特性。此诗流传到网上后，立即在更大范围内引发了讨论。不少网友纳闷："这样的诗，还是诗吗？"部分网友对这样的写作表示了"伤心"；甚至还有极少数人以"堕落"斥之。

对于那场讨论，雷平阳事后说他"保持了沉默"。一是因为他不会电脑，上不了网；二是因为他也想静静地做一个旁观者，真诚地去聆听一下人们的声音。这是从不惹是生非的雷平阳第一次陷入舆论漩涡。

如同很多20世纪80年代进入大学的自卑而寡言的农家少年一样，雷平阳在校园点燃了文学创作的激情。1985年，雷平阳大学毕业后，被分配到盐津县委做秘书。五年的下乡蹲点、调查，让他在"爬过一座又一座山"中看到自己不想要的生活。

辞职后，雷平阳先后辗转一家报社、一家企业和两家杂志社。2002年，正好是他工作逐步稳定的时候，春天，闲下来的雷平阳花了一个月，走遍了金沙江下游的一个个古镇，以及"群峰之上的一座座已沦为废墟的地主庄园"。

雷平阳曾和朋友立下宏愿：对云南的几条江和几座神山进行调查，进而为之立传。这年秋天，雷平阳开启澜沧江之行。那趟旅行，"让我得以打开了滇南和滇西的山河画卷，它像一条上帝架设的通往世界之心的伟大走廊"。2002年10月26日，雷平阳从云龙县搭乘一辆夜行货车回到大理古城，风尘未洗，就在酒店的留言信笺上写下了这首《澜沧江》。雷平阳对这首诗的写作颇为看重，他向笔者一再强调："那是凭自己的亲身经历，又借助客观的地理资料，并让这些资料依靠观念而复活，从而写出了这首诗歌。"

那时的雷平阳尝试以"纯净"的语言写作。在与南开大学文学院教授罗振亚的一次对话中，他说："写诗就是说人话，应该让一个个汉字活起来。"谈及他烧掉或扔掉了过去的一些诗稿，他说："一点也不后悔，理由当然很简单：它们要么是语言的灰烬，要么与我所期待的语言存在巨大的差距，无非少年轻狂时期的谵言与妄语，空虚、空洞、空泛。"

注重细节，使得雷平阳迥异于那些泛泛的以强调所谓"地方性"为标志的诗人。云南的山河进入雷平阳的笔下，或葳蕤雄奇，或神秘蜿蜒。雷平阳告诉媒体："我写云南的一个原因是，以前强调人们开天辟地、改造世界的能力，云南是一个泛神论的地方，但知道敬畏的诗人很少，我们要维护自然的秩序，让我们有道德、有标准、有秩序。"

雷平阳的"深耕"得到了文学界的肯定，他先后获得第二届华文青年诗歌奖、第三届"茅台杯"人民文学诗歌奖、中国青年作家批评家论坛

"2006年度青年作家"奖、第五届华语文学传媒"2006年度诗人"奖、鲁迅文学奖等奖项。

如寓言般的生活

> 边地云南，民俗丰富，神话丛生。雷平阳喜欢奔走在山川，"人烟没有断绝，神灵还在头顶"。云南那"山河割据而又自成一体"的天人生活图，滋养着雷平阳的精神世界，并赋予他独特的叙事能力。

"平阳的话很少，但说起话，非常具有魅力。"潘洗尘提及雷平阳的讲述能力，赞不绝口，"他不讲什么技巧，大都是自己经历的，譬如说云南，很多人不就是转述书本上的云南吗？平阳不，他讲的是自己碰到的人或事。"

2013年冬天，一个北京的朋友到大理，潘洗尘、雷平阳作陪。作为土著的雷平阳，当然成为场上讲故事的主角，譬如他讲起这样的事情——一次，他去西双版纳采风，请了一群当地的向导和翻译。山路起伏，走了一段后，有人说自己的老相好住在附近，要去探望一下。继续走，又有人叫嚷口渴，就独自一人下山喝酒去了。到了山上，他们遇见了一群猎人，然后又有几个向导"乐癫癫地跟着猎人们一起瞧热闹去了"。最后身边只剩下了一个年轻的翻译，浩浩荡荡的队伍不到终点就变成了孤单的二人行。

最令雷平阳意想不到的情况发生了。俩人经过一个村寨时，一个姑娘从一大堆晾晒的衣服里露出了头，翻译看见了，立马石化了，决定留下来，直到那个姑娘嫁给他。任凭雷平阳苦口婆心地劝说，翻译始终摆出"我自岿然不动"的姿态。雷平阳哭笑不得，整个队伍未到终点，就只有他一个人了。

类似这样如寓言般的故事，任谁听了都会着迷。北京的朋友就此喜欢上这个看上去并不善言辞的诗人。2014年潘洗尘创办的天问诗歌艺术节启幕前，这位朋友听说雷平阳也会到场，兴奋地告诉潘洗尘，要再来大理听雷平阳讲故事。

这种满是细节看似诡异的故事，在雷平阳看来稀松平常。"我的老家昭通不仅每个村庄都有一本行进中的《聊斋志异》，而且现实生活中也总是房屋与坟墓混在一起，没有边界。"那儿的人们在讲述某些事件的时候，也总是将死人与活人放在一起，"分不清谁死了谁还活着"。

譬如他父亲住院的故事。雷平阳的父亲在去世之前生过一场大病，住院手术时，一大群乡下的亲戚闻讯赶来，站满了医院的走廊。见此阵势，他父亲吓坏了，以为亲戚都是来"送"他，死神找到他了。所以，"在上手术台之前的那个晚上，他惊恐万分，脸色煞白，双手颤抖得连衣扣都扣不上"。可在次日早上，他父亲忽然镇定自若，郑重地将雷平阳叫至床边。父亲历数了村里他一生所见的一个个人死的情状，"听得我惊心动魄，而他则从这些死亡案例中获取了面对死亡时的那份从容与坦荡，似乎还夹杂了'我见过了那么多的死，我的死又有何惧'的潜在意识"。

云南昭通市欧家营是雷平阳的出生地。1980年，雷平阳"阴差阳错"地考上了高中。20世纪70年代末，国家恢复了中考和高考。学校的教育走上了正轨，但雷平阳说他的心还是野的，不在课堂上，而在围墙外的田野中。一有空，他就会跑到学校外，躺在坟堆上，晒太阳。老师发下来的课本，他一本也没有兴趣看，只爱读或者背诵一本叫《汉语成语小辞典》的书。因此，"每次写作文，总是文白夹杂，乐此不疲地堆砌辞藻"。

除此之外，雷平阳喜欢抄山歌。他的同学来自昭通的各个乡镇，每个人都会唱几首山歌，雷平阳就把山歌一一地抄下来。"月亮出来月亮黄，照个石头像我郎。抱着石头亲个嘴，想着想着笑断肠。"类似的情歌，雷平阳回忆说，让他发现了"身体中躲着的那些春天的野兽"。

但真正让雷平阳陷入诗歌之网的，不是它们，是民间唱本，《蟒蛇记》《柳荫记》和《说唐》之类。那是跟村里几个拉二胡唱书的老人学的。

志怪传统和注重说唱的生活阅历，也许就这样成就了雷平阳非同一般的叙事魅力。

"书法像高超的医生"

在雷平阳看来，"诗像是神灵鬼怪，让我情绪化；散文像是情人，让我温暖；书法像一个高超的医生，能马上让我收心，让我静下来，停顿一下"。

雷平阳以诗人、散文家的身份为公众所知，而他在书法上的成就让他的朋友们大为推崇。读高中时，雷平阳就开始练习书法。据朋友回忆，当时的语文老师经常在课堂上"表扬他的书法，批评他的作文"。

2014年国庆长假，雷平阳应潘洗尘之邀，偕妻儿前往大理小住。他的诗人朋友李亚伟、树才已等着他来品茶喝酒。在潘洗尘主办的天问读诗书院，雷平阳像以往一样，聊天的空隙，提起身旁的毛笔抄写起朋友的诗歌。

潘洗尘看着书写兴起的雷平阳，突发奇想：给平阳办个书法展吧！这个动议马上得到了在场和不在场的朋友的支持。于是国庆的假期成了雷平阳的加班日。"每天早上8点，我们还在睡，雷平阳就开始挥毫写字了。早上连续写两个小时，清晨寂静，他的字沉静有势；晚上喝酒归来，雷平阳继续写，字带酒气，刚劲有力。"诗人树才说，这个"劳模"连写5天，写出了100多幅字，有王维和白居易等古代文人的诗篇，也有朋友的诗句，"还有他多年攒在肚子里的好句子"。雷平阳精心挑选，选出40多幅，作为展出作品。

雷平阳认为，好的书法，唯一的标准，是每个汉字都有生命。"我感觉山水是我的老师，是我的神明，它们一直给我上课。这次展览，是我以书法的名义向山水致敬。"

当然，这不是雷平阳第一次举办书法展览。著名文学评论家谢有顺对书法研习颇有心得，他认为雷平阳的书法有"山野气"和"书卷气"，"他的笔之所至，隐隐的，总觉得是在挥洒一种性情，内有热烈的东西，也有一种寂寥之感，只是，他的热烈和寂寥都是节制的、引而不发的，这就形成了他的书法作品中那种独特的隐忍之美"。

著名作家王祥夫也盛赞雷平阳的书法"更好在不做态""书法之大忌在于做态，须知'天真烂漫'要在法度之间才好看，如无法度便不可看。平阳书法用笔力度把握亦好，说到书法，笔弱则奇怪生焉。平阳用笔是爽利生风而不是亭亭静静。"

"有一次，他和阿来、谢有顺去安康，途经西安，我们见面、喝茶，说有趣的话，也谈论书法。我才知道，他在写字，而且在文学界书名很盛了。那天，在我的书房，有顺鼓动他当众写一幅，他的表情有点怯，提起笔来却有大将风度，笔法沉着，腕力沛然，写的'正身率物'四字，有碑意，也率性恣肆，文人气息浓厚。他的字奇而正，不像其他一些文人，不受约束，不尊先贤，任意而为，纸面上就难免有滑俗的意味。"

著名作家贾平凹在一篇文章中谈及雷平阳的书法，很是赞许，就连雷平阳写在茶饼包装纸上的手札，他也是满心欢喜，"每寄一种茶，都会用毛笔在民间土纸上写几段话附上，说明这茶出自哪座山，哪个作坊，采自何时，系何人所制。我平时是很喜欢读这些便签、手札的，它最能见出一个人的性情和旨趣"。贾平凹眼高，很多书法家之字也难入他法眼，但他对雷平阳的字格外欣赏，"最可贵的一点，就是有拙正、庄重的味道，所以在他的笔端，常见方笔，他的笔是定得住的，意到，笔才到，入了一种境界"。

　　来自书法名家的赞誉也不绝于耳。雷平阳声称自己从来不临帖，这让著名书法家于明诠有点吃惊。在他的观念中，临帖是学书法的不二法门，但看了雷平阳的书法后，他释然了，作为一名优秀的诗人，"在众多学书者的队伍里自有其不'一般'的灵性与禀赋，学书的方法也就有一点'不一般'了。不临，怎么学呢？读，看，揣摩，体悟，等等。""虽然不临，但绝不是不学。他迷恋颜鲁公《祭侄稿》、苏东坡《寒食帖》及徐渭、王铎、傅山等，朝夕摩挲，以手划空，如痴如醉。"他说雷平阳是以写诗的方法、以诗歌思维横超直入顿悟式地"写"进书法里来的。

　　著名书法家王冬龄的评价更是诗意磅礴：雷平阳的书法，自由、随意、服从于心，每一个字都是鲜活的，都有生命，但我在其字的背后，仍然看到了魏碑、魏墓志和汉碑风骨。他的字其实就像是一个个微醺的诗人。"这微醺的状态就是他书法的状态"。

　　雷平阳喜酒，而"酒"字入他的书法，亦是常见。李亚伟至今唯一收藏雷平阳的一幅书法，也是雷平阳抄写李亚伟一篇酒气淋漓的诗作——《酒中的窗户》"……山外的酒杯已经变小/我看到大雁裁剪了天空/酒与瞌睡又连成一片/上面有人行驶着白帆"。

安魂与走出

　　　　除了以诗告慰地震中的幸存者，雷平阳行动起来，邀约国内的书法名家，义拍作品赈灾。虽倾慕"笑指风涛险"的人生境界，但不妨他入世时用心的赤诚、动情的激烈。

与诗歌圈往来多年，潘洗尘深知这个江湖的水有多深，"像平阳这样诗品和人品俱佳的诗人太少了，我敢说他是诗坛扶老挈幼的人"。

自20世纪80年代起，中国诗坛门派林立，几乎稍有成就的诗人都有"弑父情结"，拍死长江前浪，树自己的大旗。"雷平阳从八十年代走过，但他没有这些习性。对老一辈好的诗人，他始终敬重。没听说他人前背后讲过他们的坏话；对年轻诗人，他向来乐于提携。一次我编辑青年诗人特辑，他一下就给我推荐了18位优秀的诗人。你别看他眼睛小，但看得准。"

即使点头之交的朋友，雷平阳亦是笑眯眯处之。如果恰巧诗歌美学比较接近，私交就更好一些。哪怕两个仇人，他跟双方也可能处得不错。雷平阳说："关键是你无论对别人，还是对朋友，都要真诚。"

"一个始终襟怀坦荡、天真无邪、快意恩仇的人，我不相信他的身边有邪灵"这句他书写朋友的话，也可用在他的身上。

雷平阳的妻子陈黎描述丈夫，格外锐利，"他就是一个身体里面装满了沙子的人"，"每一颗都很干净、很纯洁"，但也是有分量的，"这些沙子融入了他的身体，成就了他的生命意义，而他乐于接受这份责任，他觉得这是他活着的意义"。

2008年5月12日，汶川大地震。身处滇南一隅的雷平阳初闻噩耗，心情沉重。不久，共青团云南省委邀请雷平阳为这次大地震作诗祈祷。很少写朗诵诗的雷平阳立即允诺。曾亲历丽江、普洱地震的雷平阳说，作诗之初，他曾花了好长一段时间，让自己的内心平静。

一天，雷平阳的好友听说他要写悼念大地震死难者的诗，跑来要给他提供素材，不料当着他的面恸哭了两个小时，"自始至终，只字未提素材之事"。雷平阳努力让自己不哭，提起笔却无从落笔，他在寻找灵感和情绪的爆发点。在某个凌晨的3点，他的笔终于写下了"安魂曲"，接下来，压抑了太久的情感沿裂隙喷发。天微亮，《安魂曲》以"从天堂回家的路/最后一站，它的学名叫四川，小名叫天府"戛然而止。

人类的悲伤没有句号。2014年8月3日，云南鲁甸强震。故乡的灾情让雷平阳震惊。忙完鲁迅文学奖评选，8月12日，雷平阳赶回昆明；8月13日一大早，雷平阳就赶到鲁甸龙头山。亲眼目睹灾难的惨烈程度，"远远超出了屏幕信息和我的想象。灾区的两个晚上，我无法入睡"。朋友一起前往灾区，察看灾情。他想尽自己的绵薄之力——除了用文章《让我们默哀吧》来告慰故乡亲人外，他还想发动自己的朋友，征集他们的作品，义卖赈灾。

从不用微信的雷平阳在10岁儿子雷皓程的帮助下，开通了自己的微信。不定时图文播报征集到的名家书法作品成为他刷微信的例牌。"今晚由中航云玺公司举办的鲁甸赈灾艺术品拍卖活动，我这幅抄写苍雪大和尚诗歌的书法拍了17000元人民币。如果还有类似活动，我还会去参加，无论拍卖价格多少，只想尽尽自己的心力！"这是雷平阳8月30日发出的一条微信。

很少有人看到雷平阳金刚怒目时。和雷平阳交往多年，潘洗尘知道雷平阳有个不能触碰的底线，那就是不能"反自然"。"他是一个随和的人，但一个对自然不给予充分尊重的人，一个对自然灵性没有敬畏的人，是不可能成为他的朋友的。"

2003年，一个摄影师在昆明做影展。镜头下全是云南边寨的儿童。摄影师辗转找到雷平阳，请他去，同时希望雷平阳写篇文章"吹吹他"。碍于情面，雷平阳去了，但看了不到三分之一，掉头就走。摄影师来电话催文章，雷平阳直接告诉他，你的摄影作品让我非常恶心。理由如下：第一，他冒充了上帝；第二，他可以是个慈善家，但不具备艺术工作者的素质；第三，他与乡村生活隔着一堵墙……雷平阳还告诉他："30年前，我亦是那些孩子中的一个，贫穷固然让我痛彻心脾，但快乐也让我成了一个小神仙，如果艺术成为方法论，你所用的'艺术'是虚假的、伪善的，和我搭的不是一辆车，用的不是一本字典。"

雷平阳那时真的怒了："如果，每一个孩子的双手，都在向天空挥舞，想抓住上帝；如果，每一个孩子的眼睛都是空的；如果，每个孩子的肉体都是肮脏的……他妈的，你相信吗？"雷平阳说，那是他第一次对着一个艺术家爆出粗口："你这个杂种！"

电脑的出现和时代的原因，让书法离我们的生活越来越远。但雷平阳坚持不用电脑，他认为文人还是应该有一点古代士大夫的情怀，"现在很多书家没有文人的修养，而文人也大部分没有书法的训练。比如你去书画装裱店，到处都是'难得糊涂''天道酬勤''淡泊明志'这样的条幅，实际上却一点也不糊涂，一点也不淡泊，充满了商业气"。

一次，朋友嘱咐雷平阳抄写《列子·周穆王》。看到有仆役说"人生百年，昼夜各分。吾昼为仆虏，苦则苦矣；夜为人君，其乐无比。何所怨哉？"心有所动，雷平阳转换表达，以"昼为仆役，夜是国王"句，发于微博，明示自己。有朋友赞叹，这是一种伟大的生活——不被世俗杂事迟滞脚步朦胧双眼，人生应该快乐地享受梦想的澄明高洁。

在雷平阳看来，生活有三种境界：一种是"春风得意马蹄疾，一日看尽长安花"，一种是"河山天眼里，世界法身中"，而境界最高的一种是"老僧笑指风涛险，坐看江山不出门"。而云南的大山大河，能让他感受到"老僧"笑谈的禅意。

不过，他是不会"坐看"的，他喜欢"出门"。走过澜沧江、基诺山后的雷平阳说："不久将来，我要写一部关于乌蒙山的书。"

对话 每个汉字都应是有生命的

以书法的名义向山水致敬

笔者：这次"山水课"书法展览，是有备而来？

雷平阳：完全是无心插柳。国庆长假，带家人到大理游玩。闲暇时在洗尘的天问读诗书院用毛笔抄写朋友几首诗作。抄着抄着，洗尘就说要给我办个书法展。旁边的朋友们多是激励，恭敬不如从命，于是开始认真写书法。大理七天一身墨，写了上百幅字，最后挑选出四十多幅，作为展览的作品。

笔者：这次书法展览，怎么取名"山水课"？

雷平阳：命名基于三点理由：一是举办地大理本身就在苍山和洱海间，是山水美地。二是我本人向来喜欢在云南的山水间来往。敬畏山水，拼命于山水，是我的写作方向，也是我写作的基础性资源。三是"山水课"是我先前出版的一本诗集的名称，我喜欢这个名字。这次借用，基本原因是：山水是我的老师，是我的神明，它们一直给我上课。这次展览，是我以书法的名义向山水致敬，向山水谢恩。

笔者：朋友们都知道你不会用电脑写文章，是学不会吗？

雷平阳：也不是学不会，而是觉得一个诗歌越写越短的人，用了电脑，像个小说家似的，不好意思。而且，许多年以来，我始终迷恋动手在纸上书写的感觉，很多时候，与朋友通信，我还用八行笺、毛笔和墨。写信，有地址，有送信的人，缓慢地送达，有写与读的仪式感，我享受这种感觉。

笔者：你心仪的书法是什么样子？

雷平阳：我心仪的书法作品，唯一标准，每个字都是有生命的。现在的汉字，被一些书法家写出来，就像死掉了。我喜欢颜真卿的《祭侄文稿》，过去这么长时间了，每个字看上去还是那么鲜活，它是有生命的，生活在纸上，有那种永垂不朽的感觉。

"我知道我在做什么"

笔者：中国诗坛派系林立，有人喜欢抱团啸聚江湖，有人喜欢一个人默默地写。你属于哪类？

雷平阳：我应该属于单打独斗的那类。很多年我一直埋头写作，除了读师范时加入过一个文学社团外，后来就再没加入过任何文学社团或者说文学流派。没有凑热闹，就这么静悄悄地待在边缘，一个人写。

笔者：你是自觉地拒绝？

雷平阳：我也没有刻意拒绝什么团体，也没有什么团体非得要找我。我的性格比较内向，不爱热闹，喜欢一个人做一些事。你要让我真的去操持一个诗歌刊物，我也嫌累；还有我的写作方式决定了我的处境。我喜欢到处行走，看见的东西，打动了我，我才会去写。那种休闲诗歌我不大去写，我的写作类似行吟诗人，是一种在路上的写作。

笔者：你喜欢在诗坛走动、结交朋友吗？

雷平阳：倒还好，虽然我没有加入什么团体或文学流派，但我也没有把所谓主流与边缘、官方与民间分开来对待，没有有意识地决定和谁来往、和谁不来往。大体上我觉得无论什么团体或流派，或地域性组织，我都不怀偏见，都能和他们来往，或者说他们也愿意接纳我，不排斥我。

笔者：这主要是和你的性格相关吧？

雷平阳：和性格有很大的关系。我知道我在做什么，我要怎么做，不会公开地或者说有意地去炒作，有意地去挑起争端论战。什么流派，或者说什么美学方式、审美的追求，我都会尊重。

笔者：是你不愿意卷入？

雷平阳：对。卷入了，它会花去你大量的时间。精力还是要放在诗歌创作上，如果放在诗歌之外的东西上，我感觉有些愧对自己。

笔者：大家都在玩微信，你对它是什么态度？

雷平阳：因为前段时间老家那边地震，儿子帮我弄了一个，我在上面发布募捐来的书法作品的信息。之前一直没有开，其实这就跟我对待电脑的态度一样，我把它们当成一样的体系，我也没有那么多的话要说，没有那么多的思想观点需要贩卖。

很多东西是可以一点点改变的

笔者：最不满意自己的地方是什么？

雷平阳：如果从写作的角度来说，有时候我还是莽撞了一点，太率性了。我的写作不像很多诗人那么有计划，就是说不能把它当成平生很认真做的事情。我自己没有很大的理想，人家都说我的写作是一种没有远方的写作，把自己尽可能地往小处压，压在一个小地方。如果真的对自己有什么不满，我想主要就是懒惰吧。

笔者：诗人赵野最想生活在宋朝，对你而言，最向往什么样的生活？

雷平阳：我自己对唐宋那种文人的生活方式比较向往，向往归向往，但是我还是希望自己能做一些对社会切实有用的事情。比如这次我的老家地震了，死了这么多人，难道我就不闻不问？肯定不现实，我肯定要行动。我要发挥自己的一些优势，做一些力所能及的事。很多东西是可以一点点改变的，如果我们每个人都不做，都在评价和叹息，都只守护自己心中的终南山、桃花源，那样我们将会放弃这样一个世界。

笔者：今年鲁迅文学奖的评选结果出现很大争议，作为诗歌组评委，你也有委屈？

雷平阳：他们就不知道，有很多具体的事我们也不能说，误解肯定是会有的，但自己问心无愧就够了。

笔者：你平时获奖不少，你怎么评价这里头的评奖标准？

雷平阳：建立一个标准或者说建立不同的标准，让诗人得到他们应该得到的荣誉，我觉得这些都是可以的，都是值得提倡的。像我们这样诗歌曾经像宗教一样存在的国度，没有评奖的具体机制，不管如何，都是说不过去的。但是，每个奖都有它特定的标准。

笔者：这个标准，除了文学的标准之外，还有什么其他的标准可以考量？

雷平阳：有些有，有所谓的非文学的一些东西。其实现在评奖，有一个比较大的问题是很多人似乎在煽动一种情绪，以前大家说仇富，现在可以说是仇奖——你评的任何奖，他都要仇，他都要往坏处去想。其实哪有这么多的问题。就像这一次，别人说怎么跑奖，我就没有见过。这种胡乱猜忌，是大众的一种心态。

笔者：在这种大众心态面前，你怎么选择？

雷平阳：中国社会本来也是人情社会。没有人情，中国就会变成一个冷漠的社会，这也是可怕的。人情社会，世态复杂，于是很多因素影响我们的评奖。要让每一个评奖平台是绝对优秀的，也不现实。况且每个人对优秀的认可又不一样。下一届鲁迅文学奖评选，如果再邀请我去当评委，我还会去。如果都选择放弃、不坚持，就没有希望。

> 雷平阳，著名诗人，曾获人民文学奖、鲁迅文学奖、华语文学传媒大奖年度诗人奖等，著有《云南记》《出云南记》《天上攸乐》等。

跋　你尽管"上流"，我执意"下流"

对名利，贵国人士，自古至今、庙堂朝野，都是明里躲闪，暗里追逐。名利，本不是什么丑事。国外的《名利场》吸引那么多大人物坦陈肉体和思想，为什么我们对名利如此皮里阳秋？也许我们一直经受道德原教旨主义者的遗毒——公开谈钱和名，是不洁的。那言外之意，则是背地里抢夺名利是正义的。很多中国人，不只这么信奉的，而且是这么做的。

但我们决心做一档中国精英阶层的"名利"栏目。2012年初，我所服务的《精英》杂志（原《名牌》）改版。郑重标榜，"在这里，读懂精英阶层"。我惶恐地承担了制作杂志主打栏目——"名利场"的重任。我们想为"名利"正名——一切有人的地方，必是名利战场；事功和是非，并行不悖；看精英是如何追逐名利，并超越名利。

这注定是一场艰难的战役。犹记第一期做庙堂经济学家这个选题时的惶恐与紧张。杂志负责人再三强调，拍不到图片，选题就算失败。

与主办方周旋，与师沟通；如何拉人拍照，自我介绍，我与同事一遍遍操练。同事说我过分小心，都有点强迫症了。所幸，厉以宁、高尚全、张维迎，都来了，拍到了精彩的图片；也专访了华生等经济学家。

基本完成预期任务。原创的个性图片与有细节的特稿写作奠定了杂志介入精英人群的力度与深度。更深入，更生动，于是成了一期期封面专题的努力方向。如何找选题，如何拍到精美的图片，成为年度最大的焦虑。

两年来和这些中国主流精英打交道，我感想颇多。这部集子，大部分是我这两年与名流苦苦"周旋"的结果，可以此窥探中国精英阶层的社交特点和文化性格。

采访这些大佬，首先肯定需要电话联系。找他们的电话号码倒不是一桩难事，关键是你的采访意愿能否被对方接受。礼貌起见，一般会先发短信说明采访意图。有人会短信委婉拒绝，要么说最近日程很满，要么说对这个话题不感兴趣；有人会冷冷地说请找我的助理。更多的情况是，短信似乎射向了外空间，渺无音讯。不管有戏没戏，短信之后就是直接打电话。这个行业最值得炫耀的厉害行为就是，某某大佬请我在某高端上档次的场所喝茶聊天；我和某某大佬私交甚笃，他的个人传记就是指定由我撰写……不得不称赞下唐骏，联系采访他，回信很快；每封邮件，他必回复。业内传说，他能记起所有采访过他的记者的名字。

大佬的名片，亦蛮有看头。陈光标的名片是折叠四面，其中一面印着"祖国唯一，人民至上"等口号，一面印着个人头像和"中国大好人"等荣誉称号。黄鸣的名片，同样是折叠的，折后的名片就比普通的大三分之一，一面写着"微排地球战略首倡人、气候改善商城全球连锁总店长"，还有一面上全是以太阳能作为能源的产品名称。任志强的名片，以书法体写上牛气的名字。很多大佬的名片，上面是没有手机号码的。那摆明是不想被陌生人骚扰，于是要到他的电话成了替换名片时的头等大事。马云的名片，总是不够的；和牛根生换名片时，他是笑眯眯的；柳传志的名片，只在江湖传说。某日某场论坛，鄙人拿到俞可平最后一张名片，被一帮俞可平的粉丝围堵，有人强行索要过名片，用手机拍照，有人抄联系方式。我转过身和采访对象沟通完采访事宜，再回头，名片就不见踪影了。大佬的名片各具风采。王健林的朴实，陈光标的炫耀，郭广昌的中庸，黄鸣的大气，任志强的霸道，唐骏的简洁。但没有一个大佬的名片设计得有型有格调。也许大佬才不在乎名片是否设计得精致有品，他们的名字就是招牌。

采访大佬，是悲欣交集的过程。如约的采访，一般是在对方的办公室进行。基本的程序，首先是冠冕堂皇、客客气气的提问，暧昧和挑战的话题总是在聊开后才敢递上。采访大佬，挑衅不是重点，"宾主双方在友好的氛围中愉快交流"居然成了我们这类非时政类媒体理想的采访状态。任志强接受完采访，当着笔者面，以一向的高傲口吻批评秘书：真是没事找事，耽误了一下午；华生，很是客气并令人意外地如约接受了电话采访；樊纲可以毫不留情地批评笔者的提问角度和方式；而张思之的风度、温铁军的守时和谦逊，则让笔者感佩不已。

拍照，是采访大佬必备的环节。大佬对三套动作最有心得：一是双臂胸前抱。这个姿势，是大佬最喜欢、最容易出情态的经典动作。有人说，这个动作，能轻易让肢体僵硬、缺少运动而且对外界抱有戒心的商界名流提起精气神儿。翻翻市面上的时尚杂志，看看每期抱胳膊的大佬有几个，你就明白它的普适性了。二是手托下巴。这个一般是脸部特写时的经典动作。它可以让大佬显得更沉毅、更冷峻。具体做法是，大拇指和食指分开，其他手指蜷缩，下巴正好落在张开的虎口处。它的衍生动作是托腮帮和拳托下巴。托腮帮的做法简单，同样的手势偏移到腮帮处，食指斜指上方。而拳托下巴，则是四指微合拢，手背轻托下巴。三是佯捏镜腿。这款动作适合戴眼镜的社会贤达。大拇指和食指做一个摘卸眼镜的假动作。一般摄影师会让拍摄对象食指和拇指轻触眼镜腿与镜框的衔接处。文雅而精致，刹那间，学富五车的姿态立显。

这些大佬，被拍时他们一般都木木地站着，等着摄影师的调教。有时，看他们又习惯地在镜头前抱胳膊，在旁边掌灯的我着急了："不要抱臂，侧坐沙发也行。"陈光标是例外，他懂得在镜头面前如何展示自己。一次笔者去上海采访他，记者很多。有人好心提醒他注意事项，他说：我比你清楚。记得2011年在深圳采访IT峰会，摄影师为了营造"云计算"这个概念，想起了飞翔的动作。好脾气的熊晓鸽、张亚勤、王维嘉等都应要求做了很夸张的动作。在这里，我要郑重地感谢本书的图片摄影师赵卫民先生和杨子勇先生，正是他们的杰出创意和辛勤劳作，让我的这一系列采访显得饱满和丰富。

有人说商人是一个很功利的群体，你不要指望成为他们的朋友。其实，我们自身何尝不是功利的群体？喜欢争抢采访最叱咤风云的企业家，喜欢自己的采访被企业家认同，喜欢企业家能受邀参加自家媒体举办的活动，喜欢更多的企业家记住自己的名字，更有甚者，希望自己的采访能赢来事业的转型——被某个企业家看中，延揽至麾下。在中国采写企业家和商业史的作者，容易陷入测评界王自如的境地：号称保持独立，又不得不为企业家涂脂抹粉。当然，每人的"谄媚"程度不一。原因如下：第一，不在"筷子"里挑旗杆，为"旗杆"谱曲，似乎接近不了"旗杆"；第二，向来没有独立的媒体环境，写作大环境使然；第三，喜欢大叙事，拿国外的企业家成长比附国内的。

自己做不到无功利，就不要奢求他人无欲无求。看清了这点，你就不会为过多的采访意外而纠结。如果你觉得伤自尊，那就早日放弃采访；如果你能有效化解，那恭喜你，你超脱了。"我本没想高攀成为人家的朋友"，以此心做事，说不定，还真能交到朋友。

有人说，你这下流阶层的人，惦记人家上流阶层的生活和状态，自讨苦吃不？人生哪里少得了自讨苦吃！我这份差事，既能让我多了解社会，又能报销费用，还有工资，为啥不干？最关键，谁让我就长了颗好奇的心。观察完了，你尽管"上流"，我执意"下流"，井水不犯河水，相忘于江湖，多好。

一个专题，关注一个群落，时代的风呼啸而过，将他们吹成风雪中的雕塑，伟岸并光辉。本书收录的这些文章，一字一句是那么亲切。每个专题背后，都有我和同事的焦虑、较真和热情。显而易见，本书采写的缺憾俯拾皆是。如果，我，更职业点，更勤奋点，文本的呈现可能会比现在好很多。但人生的如果，多用来凭吊，无法假设。